A todos los que aman la verdad y
participan del combate contra el error, la mentira y el engaño.

Religiones, Sectas y Herejías

"Pero el Espíritu dice claramente que en los postreros tiempos algunos apostatarán de la fe, escuchando a espíritus engañadores y a doctrinas de demonios" (1 Timoteo 4:1).

"Porque se levantarán falsos Cristos, y falsos profetas, y harán grandes señales y prodigios, de tal manera que engañarán, si fuere posible, aun a los escogidos" (Mateo 24:24).

Religiones, Sectas y Herejías

J. CABRAL

RELIGIONES, SECTAS Y HEREJÍAS
Edición en español publicada por
Editorial Vida – 1982
Miami, Florida

©**1982 por Editorial Vida**

Originally published in Portuguese under the title:
    Religiões, Seitas e Heresias
    por Universal Produções – Indústria e Comércio
    Copyright © 1980 por Universal Produções – Indústria e Comércio

Diseño de cubierta: *Sarah Wenger*

ISBN: 978-0-8297-1282-7

CATEGORÍA: *Religiones / Sectas*

IMPRESO EN ESTADOS UNIDOS DE AMÉRICA
PRINTED IN THE UNITED STATES OF AMERICA

HB 01.09.2025

Indice

Índice

Prefacio

Una vez más el profesor J. Cabral es usado por Dios para brindarles a todos los amantes de la verdad una obra de inestimable valor, *Religiones, sectas y herejías* era el libro que se necesitaba en la literatura evangélica para mostrarles a los sinceros buscadores de la verdad los desatinos en los cuales se ha encaminado el hombre en su vana y ciega búsqueda del conocimiento de Dios y de lo sobrenatural.

Religiones, sectas y herejías es un libro práctico, dinámico y actual, y se propone sacar a la luz en un lenguaje simple, aunque convincente y basado estrictamente en las enseñanzas de la Biblia, que es la Palabra de Dios, lo que se halla detrás de la cortina en las religiones y sectas que están asolando a la humanidad. Demuestra que no pasan de ser elucubraciones de nuestro archienemigo, el diablo, que se hace pasar por "ángel de luz".

Empezando por las religiones de la más remota antigüedad, hasta las de la época más reciente, incluyendo las diversas manifestaciones del espiritismo, el profesor J. Cabral denuncia con mucho acierto en este verdadero compendio de heresiología, la mancha que se está lanzando sobre la pureza y la sencillez del Evangelio de Jesús.

Sin este libro las bibliotecas no estarían completas. Aun cuando el autor no tenga la pretensión de decir la última palabra sobre el asunto, nos transmite una gama de conocimientos que hacen que este libro sea una obra extraordinaria, y la sitúan entre lo más completo y actual que existe en este momento sobre un asunto de tanta importancia para los pastores, para los seminaristas, para los obreros y para el pueblo en general. Es preciso que este libro sea leído y divulgado. La humanidad necesita conocer el gran camuflaje que ha usado el que fuera el "portador de luz", el diablo, para hacer que el hombre se aparte de Dios. Es necesario que la humanidad conozca la Palabra de Dios, para que ella, y solamente ella, ilumine su camino.

"Lámpara es a mis pies tu palabra, y lumbrera a mi camino" (Salmo 119:105).

R. R. Soares

Introducción

El hombre es un ser religioso. Dios ya lo hizo así, y dondequiera que haya seres humanos, se encuentran vestigios de religión. La palabra "religión" viene del latín "religare" y en esencia significa "ligarse nuevamente", lo que ya de por sí trasmite la idea de que el hombre se encuentra separado.

La Biblia, el libro de Dios, revela cómo sucedió la separación entre el hombre y su Creador,[1] y que desde entonces existe una necesidad natural y latente en el ser humano, de volverse a la divinidad. La verdadera religión, por lo tanto, es la que, a través de sus enseñanzas, lleva al hombre a volverse a Dios, el Creador y Sustentador de todas las cosas.

Es lógico que Dios quisiera revelarle al hombre los medios necesarios para que, al encontrarse separado por la desobediencia y por el pecado, — él pudiese hallarse en condiciones de volver a su comunión. Y aquí tenemos una verdad indiscutible: La redención del hombre parte de su Creador, de Dios; y nunca de sus esfuerzos personales. Es aquí mismo donde comienza a tener razón de ser este libro.

Las Sagradas Escrituras enseñan que la humanidad desciende de una sola familia-tronco — la de Noé.[2] De sus hijos Sem, Cam y Jafet, descienden todas las personas. Esto nos llevaría a pensar que el conocimiento de Dios trasmitido a Noé y a sus hijos debería ser hoy día el mismo en todas las razas, tribus y naciones. En cambio, lo que vemos son decenas de religiones y millares de sectas falsas que arrasan el pensamiento humano. La humanidad vive en un tremendo caos espiritual, y creemos que millares de personas bien intencionadas y que sienten el natural deseo de un reencuentro con Dios, hallan dificultades en la selección del camino que pueda llevarlas a la verdadera comunión con el Creador.

¿Están todas las religiones en lo cierto? ¿Son las sectas "atajos" que llevan al verdadero camino? ¿Llevan a Dios todas las formas de culto? ¡Es claro que no! Dios no crea confusión; y como prueba de eso, le dio a la humanidad un libro, la Biblia, que es su Palabra. Es preciso que la Biblia sea leída y comprendida por el hombre, para que éste no viva en desacuerdo con los designios divinos.

Lamentablemente, existe un ser antagónico a Dios: Lucifer, el diablo, Satanás, el ángel del mal u otro nombre por el cual sea conocido, y vive tratando de engañar al hombre y evitar que tenga comunión con Dios.[3] Una de las mayores preocupaciones del diablo es hacerles creer a los hombres que él no existe, para poder actuar de esa manera con más libertad, sin ser notado o evitado.

Se engañan los que creen en la actuación del diablo como un ser armado de tridente que tiene cuernos, despide fuego por las narices y corre detrás de los indefensos paganos. El actúa de acuerdo con el ambiente, la cultura y las decisiones de cada uno. Es inteligente y sagaz; y junto con sus ángeles, los demonios, procura expresarse por intermedio del hombre, para distanciarlo cada vez más de su Señor. El "exu calavera" de la quimbanda puede ser el "doctor Fritz" del espiritismo, o el mentor intelectual de ciertas filosofías que separan al hombre de las verdades divinas descritas en la Palabra de Dios.

Una de las estrategias muy bien pensadas del diablo y de sus ángeles es, ya que no pueden destruir la Biblia ni replicar a sus palabras, procura desacreditar, esconder o torcer sus verdades. En esa obra malintencionada, por desdicha, ha tenido éxito y ha engañado a muchos. El resultado lo tenemos presente: millares de religiones y sectas falsas, todas ellas basadas en pensamientos y filosofías humanas, como un esfuerzo inútil y desatinado del hombre para hacer lo que le compete a Dios: fijar los medios y los métodos para la redención de la humanidad.

Nuestro estudio sobre las principales religiones y sectas falsas y sus principales doctrinas heréticas, ha sido distribuido en orden cronológico. Empezamos con lo que la historia conoce acerca de la religión, enfocando a Egipto y a Babilonia; pasamos por el hinduismo, que tiene sus orígenes en el vedismo (2000 a.C.?), y vamos hasta las sectas más modernas. Cubrimos así el surgimiento de las principales religiones y sectas falsas en un período de casi 4000 años.

Dios bendiga a todos los que lean o estudien este libro. Cabe a los creyentes predicar la Palabra de Dios tal como ella es, en su integridad. Tal vez, por estar nosotros fallando en nuestra misión, las herejías florecen y toman cuerpo. Es preciso que, llenos del Espíritu Santo, salgamos a dar la cara y proclamemos la verdad en la misión que nos fue encomendada por el mismo Jesucristo:

"Por tanto, id, y haced discípulos a todas las naciones, bautizándolos en el nombre del Padre, y del Hijo, y del Espíritu Santo; enseñándoles que guarden todas las cosas que os he mandado; y he aquí yo estoy con vosotros todos los días, hasta el fin del mundo" (Mateo 28:19, 20).

---

[1] Génesis 3:1-24.
[2] Génesis 9:17-19.
[3] Ezequiel 28:11-19. Aquí el rey de Tiro es descrito como semejante a aquel ángel que estaba revestido de gloria, pero cayó a las profundidades por causa de su soberbia. Se describen el origen, la naturaleza y la caída de Satanás.

1
A modo de diálogo

¿Qué es una herejía? Para nosotros, los evangélicos, es toda doctrina que en materia de fe sustenta opiniones contrarias a las de la Palabra de Dios.[1] En el estudio de la *heresiología* (tratado sobre las herejías) procuramos presentar una descripción sintética de las principales religiones y sectas, dando una noción general de la historia, literatura, doctrina y otros conocimientos que las caracterizan, refutándolas con las verdades incontrovertibles de las Sagradas Escrituras.

Muchos creyentes juzgan innecesario el estudio de esa materia. Afirman que no nos interesa estudiar las herejías, sino tan sólo la Palabra de Dios. Sin querer criticar a los que piensan de esa manera, juzgamos que los motivos siguientes — entre otros muchos — son suficientes para llevarnos a estudiar las religiones y sectas falsas. El estudio de las mismas:

— *Nos capacita para combatirlas.* El apóstol Pablo conocía las falsas doctrinas y luchó arduamente contra ellas. Es preciso que conozcamos al enemigo con el que nos vamos a enfrentar. Mientras más conozcamos sus tácticas y su naturaleza, más probabilidades tendremos de vencerlo.

"*Más si aun nosotros, o un ángel del cielo, os anunciare otro evangelio diferente del que os hemos anunciado, sea anatema*" (Gálatas 1:8).

— *Nos auxilia en la evangelización.* No sabemos qué clases de personas nos vamos a encontrar cuando predicamos el Evangelio. Si conocemos su credo y sus doctrinas, nos será más fácil hablar del amor de Dios. Es necesario que el cristiano conozca la verdad para poder combatir la mentira. Por eso es que, además de conocer las sectas falsas, el cristiano debe poseer un buen conocimiento de la Palabra de Dios, la Biblia.[2]

— *Aumenta nuestra fe.* Cuando nos tropezamos con las doctrinas de las sectas falsas, la mayoría de las veces ridículas y sin fundamento, tenemos más seguridad en lo que hemos creído. De ahí que po demos decir como Pablo:

". . .porque yo sé a quién he creído, y estoy seguro que es poderoso para guardar mi depósito para aquel día" (2 Timoteo 1:12).

— *Aumenta nuestra responsabilidad.* El cristiano es personalmente responsable de buscar el conocimiento de la verdad y combatir la mentira. Estar contra el error y la mentira sin vestir la armadura de la verdad, es falta de responsabilidad cristiana.

"*Estad, pues, firmes, ceñidos vuestros lomos con la verdad, y vestidos con la armadura de la justicia, . . .y tomad el yelmo de la salvación, y la espada del Espíritu, que es la palabra de Dios*" (Efesios 6:14, 17).

Cómo identificar una herejía

No le es muy difícil a un creyente sincero identificar una herejía. Existen algunos aspectos básicos que observados, mostrarán la estrategia moderna del diablo, que es la conquista de la mente. La batalla emprendida en estos momentos en todo el mundo, es una batalla mental, en la cual las falsas ideologías, las falsas filosofías y las falsas creencias subestiman la Palabra de Dios.

1. *Desacuerdo con la Biblia* — Con respecto a las doctrinas de la Biblia, podemos dividir los argumentos de la manera siguiente:

a) Argumento bíblico.

b) Argumento extrabíblico.

c) Argumento antibíblico.

El *argumento bíblico* es el que se saca de la Biblia, dándole una interpretación correcta y lógica. Fue el argumento que usó Jesús en la sinagoga de Nazaret acerca de su misión.[3]

El *argumento extrabíblico* es el que no tiene base en la Biblia, pero no choca con sus enseñanzas. Muchos predicadores usan argumentos extrabíblicos al pronunciar sus sermones. Esto se ha de hacer con mucha cautela, y es necesario que tenga una cierta dosis de seguridad la persona que lo está usando.

El argumento *antibíblico* es el que combate, tuerce, sustrae o aumenta las verdades enunciadas en la Palabra de Dios, o bien choca con ellas. Aquí hallamos que las herejías que son antibíblicas, están en desacuerdo con las enseñanzas del cristianismo. Algunas veces están fundamentadas en un versículo o en una expresión aislada que encontramos en la Biblia. Bastaría, sin embargo, un poco de conocimiento de los principios auxiliares de la hermenéutica o interpretación de las Escrituras para refutarlas.

2. *Unilateralidad de apreciación doctrinaria* — En muchos casos la herejía se caracteriza por el hecho de "escoger" una doctrina para descargar en ella toda su atención en detrimento de las otras doctrinas. Se afirma, por ejemplo, la divinidad de Cristo y se abandona su humanidad, o vice versa; se le da énfasis a la unidad de Dios y se oscurece la doctrina de la Trinidad; se muestra preocupación por el cuerpo del hombre y se olvidan su alma y su espíritu.

3. *Contradicción con los hechos* — Historias y doctrinas basadas en hechos que en realidad no proporcionan una base para ellas; incredulidad para con enseñanzas basadas en hechos reales, bíblicos o de raíces bíblicas. Por desgracia, muchos buenos cristianos han sido engañados por cosas de esta índole.

4. *Incoherencia lógica* — Nada impide que el buen sentido y la razón sean usados en materia de religión. La mayoría de las herejías no resisten una confrontación lógica con la historia, la ciencia, la Biblia o con la religión propiamente dicha. La Biblia prevé el surgimiento y la evolución de las herejías, como una señal de los tiempos.[4]

Cómo identificar una secta falsa

Sería superfluo decir que, para identificar una secta falsa, basta con verificar si está fundamentada en herejías. Existen algunos aspectos que son muy comunes en las sectas falsas. De entre ellos, destacamos los siguientes:

1. *Jesús no es el centro de atención* — Las sectas falsas, en general, subestiman el valor de Jesús. Las orientales tienen sus dioses o sus profetas que colocan por encima de todo; y las occidentales, o sustituyen a Jesús por otro "Cristo" o colocan al Hijo de Dios en una posición secundaria, quitándole su divinidad y, en consecuencia, sus atributos divinos.

2. *Tienen otras fuentes doctrinarias además de la Biblia* — Creen tan sólo en algunas partes de la Biblia. Admiten y aceptan como "inspirados" determinados escritos de sus fundadores o de las personas que comparten con ellos una buena dosis de aquello en que creen. Algunas llegan a desacreditar la Biblia, a la cual le hacen muchas restricciones.

3. *Afirman ser las únicas que están en lo cierto* — Una de las principales características de una secta falsa es precisamente ésta. Puede que haya sido fundada hace 5, 10, 20 ó 100 años; no importa: es la única verdadera, y ¡ay de los que no leen a través de su cartilla! Estas personas deberían tener, al menos, el cuidado de no ser tan presuntuosas.

4. *Hacen uso de falsas interpretaciones* — Las interpretaciones del texto bíblico hechas sin tener en cuenta los principios auxiliares de la hermenéutica, han llevado a incontables personas, a veces bien intencionadas, a fundar una secta falsa. Eso acontece generalmente por la total ignorancia de las reglas de interpretación de nuestro propio idioma, que son enseñadas en nuestras escuelas.

5. *Enseñan al hombre a conseguir su propia salvación* — No sólo enseñan al hombre a salvarse a sí mismo, sino que prometen una salvación enteramente naturalista en su concepto. Consiste en la repetición de la vida de este mundo, quitándole sus tensiones desagradables. Los antiguos egipcios enseñaban: "Preparaos para los juicios de Osiris, observando las reglas de buena conducta." Confucio daba este precepto: "Andad en las veredas trilladas; sed buenos ciudadanos del imperio celeste." En la India, Buda aconsejaba: "Andad en el noble camino de los ocho pasos." El mahometismo recomienda: "Permaneced firmes junto a los cinco pilares de la conducta." En general, las religiones y las sectas falsas enseñan a los hombres a salvarse a sí mismos; a desarrollar su propia salvación.

6. *Son proselitistas* — Una de las actividades proselitistas principales de las falsas sectas es "pescar en las peceras de los demás". No captan a sus neófitos entre los enfermos, los afligidos, los desesperados, o los necesitados, sino que aprovechan la fe que ya poseen las personas a quienes tratan de conquistar y, con un poco de sutileza, consiguen desencaminar hacia su grupo hasta a muchos buenos cristianos. ¡Debemos tener los ojos muy abiertos respecto a ellos!

"Pero el Espíritu dice claramente que en los postreros tiempos algunos apostatarán de la fe, escuchando a espíritus engañadores y a doctrinas de demonios" (1 Timoteo 4:1).

Los "ismos" del pensamiento humano

La búsqueda del saber de parte del hombre es conocida teóricamente como *filosofía* (de *fílos*, amigo de, amante de, y de *sofía*, conocimiento, saber), palabra derivada del adjetivo y sustantivo griego *filósofos*, "que ama el saber", "que es amigo del conocimiento".

La filosofía, según la tradición que se remonta hasta Aristóteles, comienza históricamente en el siglo VI a.C., en las ciudades griegas del Asia Menor. Sin embargo, sabemos que el ser humano comenzó a *filosofar* desde que intentó en su corazón apartarse de Dios.[5] Por desgracia, el pensamiento humano, en su intento por descubrir o redescubrir su naturaleza, origen y razón de ser, ha creado los "ismos" que, en realidad, alejan cada vez más a la criatura de su Creador.

La predicación apostólica combate implacablemente la filosofía[6] o sabiduría de los griegos, y enseña que la verdadera sabiduría viene de lo alto, de Dios, y nunca de los esfuerzos humanos.

"Y si alguno de vosotros tiene falta de sabiduría, pídala a Dios, el cual da a todos abundantemente y sin reproche, y le será dada" (Santiago 1:5).

Reunimos aquí las escuelas de pensamiento filosófico más conocidas y sus falsas filosofías, con el propósito de darle al lector una síntesis del inútil esfuerzo realizado por el hombre a través de los siglos con el intento de lograr su propia salvación o redención. Lo más importante es que *esas escuelas de pensamiento les proporcionan a las falsas religiones y sectas el material necesario para su predicación.* Hay vestigios de una o de más filosofías seculares en el contexto doctrinario de cada religión o secta falsa, en detrimento de las verdades divinas escritas en la Palabra de Dios. Con un examen cuidadoso y sincero que hagamos, podremos ver esto.

Agnosticismo — El vocablo *agnosticismo* fue forjado en 1869 por Thomas H. Huxley, calcado, por oposición al gnosticismo, en el adjetivo griego *ágnostos*, (ignorante, incognoscible). Es una filosofía naturalista y dada a las cosas y las relaciones de la ciencia experimental.

Es un sistema que enseña que no sabemos, ni podemos saber si Dios existe o no. Dicen: la mente finita no puede alcanzar lo infinito. Ahora bien: no podemos abarcar la tierra, ¡pero podemos tocarla! (1 Juan 1:1). La frase predilecta del agnosticismo es: "No podemos creer." El resumen de esta enseñanza es lo siguiente: El ateísmo es absurdo, porque nadie puede probar que Dios no existe. El teísmo no es menos absurdo, porque nadie puede probar que Dios existe. No podemos creer sin pruebas evidentes. Los mentores del agnosticismo son: Huxley, Spencer y otros. Están todos simplemente engañados, porque Dios es fácilmente comprensible por el alma sedienta, honesta y constante. Ver Romanos 1:20.

Animismo — Una de las características del pensamiento primitivo, que consiste en atribuir a todos los seres de la naturaleza una o varias almas. Según Edward Burnett Tylor (1832-1917) es también toda la doctrina de índole espiritualista, por oposición al materialismo. Esta teoría considera que el alma es la causa primaria de todos los actos.

Ascetismo — Es la teoría y la práctica de la abstinencia y mortificación de los sentidos. Tiene como objetivo asegurar la perfección espiritual, sometiendo el cuerpo al alma. Hay además el ascetismo natural (la búsqueda de la perfección por motivos independientes de las relaciones del hombre con Dios), que fue practicado por la escuela pitagórica. Es muy practicado por las religiones y sectas orientales.

Ateísmo — Es la teoría que niega la existencia de un Dios personal. A partir del Renacimiento, el término pasó a indicar la actitud de quien no admite la existencia de una divinidad. Se llaman ateos los que no admiten la existencia de un Ser Absoluto, libre e inteligente, dotado de individualidad y de personalidad reales.

Deísmo — El deísmo se distingue radicalmente del teísmo. Para el teísmo, Dios es el autor del mundo; es una entidad personal revelada a los hombres por su actuación en la historia. Para el deísmo, Dios es el principio o causa del mundo, infuso o difuso en la naturaleza, como el arquitecto del universo.

Elaborado dentro del contexto de la llamada religión natural, cuyos dogmas son demostrados por la razón, el concepto deísta de Dios puede confundirse con el concepto de una ley, en el sentido racional-natural del término. Se trata del Dios de todas las religiones, y su concepto no se halla asociado a las ideas de pecado y de redención, de providencia, de perdón y de gracia, consideradas todas ellas como "irracionales". Es más bien un Dios de la naturaleza y no un Dios de la humanidad. Como un eterno geómetra, mantiene el universo en funcionamiento, como si fuese un reloj de precisión.

El deísmo surgió dentro del contexto de los comienzos del nacionalismo, bajo la influencia de Locke y de Newton. Voltaire, uno de los más grandes impugnadores de la Biblia en los últimos tiempos, era deísta.

Dualismo — En sentido técnico riguroso, el dualismo sería la doctrina o el sistema filosófico que admite la existencia de dos substancias, de dos principios o de dos realidades como explicación posible del mundo y de la vida. Estos serían irreductibles entre sí, inconciliables, incapaces de síntesis final o de subordinación del uno al otro. En el sentido religioso son también dualistas las religiones o doctrinas que admiten dos divinidades: una positiva, principio del bien; y otra, su opuesto, destructora, negativa, principio del mal que opera en la naturaleza y en el hombre.

Descartes (1596-1650) es quien establece esta doctrina en el campo de la filosofía moderna.

Eclecticismo — Sistema filosófico que trata de conciliar las tesis de diversos sistemas conforme a determinados criterios de verdad. Procura aprovechar lo que hay de mejor en todos los sistemas. En el siglo XIX el eclecticismo espiritualista, que concentraba su atención en el uso del método introspectivo, dio origen al así llamado espiritismo contemporáneo.

Empirismo — Es la posición filosófica según la cual todo el conocimiento humano es resultado de la experiencia (sensaciones exteriores o interiores), y no de la razón ni del intelecto. Afirma que el único criterio de verdad está en la experiencia. Es la teoría del "ver para creer".

Epicureísmo — Nombre que recibe la escuela filosófica griega fundada por Epicuro (341-270 a.C.). Sostiene el principio del placer como valor supremo y finalidad del hombre, y prescribe: 1) aceptar todo placer que no produzca dolor; 2) evitar todo dolor que no produzca placer; 3) evitar el placer que impida un placer aún mayor, o que produzca un dolor mayor que este placer; 4) soportar el dolor que aleje un dolor mayor todavía, o que asegure un placer mayor todavía. Por placer se entiende la satisfacción del espíritu proveniente de un cuerpo y de un alma sanos, y nunca de Dios. Buscar placer y satisfacción únicamente en la salud o en el intelecto, es no tener deseo de encontrar la verdadera fuente de la felicidad.

Escepticismo — Se caracteriza por una actitud antidogmática de indagación, que trata de hacer evidente la carencia de solidez de cualquier posición, definiendo como única posición justa el abstenerse de aceptarlas. Fue fundada por Pirro, filósofo griego, en el año 360 a.C. Enseña que, en vista de que sólo las sensaciones, inestables o ilusorias, pueden ser la base de nuestros juicios sobre la realidad, se debe practicar el reposo mental, en el que hay insensibilidad, y en el que nada se afirma ni se niega, para poder alcanzar la felicidad por el equilibrio y la tranquilidad. Tales personas no viven; vegetan. . .

Esoterismo — Es un sistema filosófico religioso oculto. Es una doctrina secreta, sólo comunicada a los iniciados. El esoterismo es ocultista y se caracteriza por el estudio sistemático de los símbolos. Hay símbolos en todo lo que existe, y en el estudio de esa simbología el hombre podrá comprender las razones fundamentales de su existencia. Viene a ser una ramificación del espiritismo.

Espiritualismo — Es el nombre general que reciben las doctrinas filosóficas según las cuales el espíritu es el centro de todas las actividades humanas, ya se entienda por "espíritu" la substancia psíquica, el pensamiento puro, la conciencia universal o la voluntad absoluta. El espíritu es la realidad primordial, el bien supremo.

El espiritualismo es dualista, pluralista, teísta, panteísta y agnóstico. Es el espiritismo con un nombre más rebuscado. Es doctrina de demonios. Acepta la reencarnación y la evolución del espíritu.

Estoicismo — Es la escuela filosófica griega fundada por Zenón de Citio (334-262 a.C.). Comprende su doctrina y la de sus seguidores. El nombre se deriva del griego *stoa* (pórtico), porque Zenón enseñaba en el pórtico llamado "*Poikilé*" (pintado) de Atenas. El estoicismo afirma que la sabiduría y la felicidad se derivan de la virtud. Esta consiste en vivir conforme a la razón, sometiéndose a las leyes del universo, a fin de lograr la imperturbabilidad del espíritu (*ataraxia*). Es una forma de panteísmo empirista que pretende volver al hombre insensible a los males físicos mediante la obediencia irrestricta a las leyes del universo.

Evolucionismo — El evolucionismo es una filosofía científica que enseña que el cosmos se desarrolló por sí mismo, y también, que el hombre y los animales han llegado a existir por desarrollo a partir de lo imperfecto hasta llegar a su presente estado avanzado. Y todo esto por medio de sus propias fuerzas. Hace falta más fe para creer en las hipótesis de la evolución que para creer en las enseñanzas de la Biblia; es decir, en que fue Dios el que creó todas las cosas. (Génesis 1:1, 21, 24, 25.)

Gnosticismo — Viene de la palabra griega gnostikós (capaz de conocer, conocedor). Significa, en teoría, el conocimiento místico de los secretos divinos por vía de una revelación. Ese conocimiento comprende una sabiduría sobrenatural, capaz de llevar a los individuos a un entendimiento completo y verdadero del universo y, de esa forma, a salvarse del mundo malo de la materia. Se opone radicalmente al mundo y enseña la mortificación del cuerpo y el rechazo de todo placer físico. Es panteísta y, según algunas tradiciones no confirmadas, lo cultivaba Simón Mago, al cual el apóstol Pedro reprendió en Samaria.[7]

Humanismo — Es la filosofía que busca separar de la idea de Dios al hombre y a todo aquello con lo que él se relaciona. El hombre, para esta filosofía, es el centro de todas las cosas, el centro del universo y de la preocupación filosófica. Surgió a fines del siglo XIV. Marx es el fundador del humanismo comunista.

Liberalismo — Es la libertad mental sin reservas. Es un sistema que afirma que el hombre en sí mismo es bueno, puro y justo. No existe el infierno real. Nuestro futuro es incierto, la Biblia es falible y Dios es el Padre universal de todos. Luego, por creación, todos somos hijos suyos y tenemos así nuestra felicidad garantizada.

Materialismo — Afirma que la filosofía debe explicar los fenómenos no por medio de mitos religiosos, sino por la observación de la realidad misma. Enseña que la materia — increada e indestructible — es la substancia de la cual se componen todas las cosas, y a la cual todas ellas se reducen. La generación y la corrupción de las cosas obedecen a una necesidad no sobrenatural, sino natural; no al "destino", sino a las leyes físicas. Según esta filosofía, el alma forma parte de la naturaleza y obedece a las mismas leyes que rigen su movimiento. El hombre sería también materia, como todas las demás cosas.

Monismo — Los sistemas monistas son variados y contradictorios, pero tienen una nota común: es la reducción de todas las cosas y de todos los principios a la unidad.

La substancia, las leyes lógicas o físicas y las bases del comportamiento, se reducen a un principio fundamental, único y unitario, que todo lo explica y todo lo contiene. Ese principio puede ser llamado "dios", "naturaleza", "cosmos", "éter" o cualquier otra cosa.

Panteísmo — La palabra viene del griego *pas, pan* (todo, todas las cosas) y *theós* (dios). Como su mismo nombre lo sugiere, es la doctrina según la cual Dios y el mundo forman una unidad. Son la misma cosa y constituyen un todo indivisible. Dios no es transcendente al mundo: no se distingue ni se separa de él. Al contrario, es inmanente a él y se confunde con él, se disuelve en él, se manifiesta en él, y en él se realiza como una sola realidad total y substancial.

Pietismo — Tuvo su inicio en el siglo XVIII a través de la obra de Philipp Spener y August Francke. Es una teoría del protestantismo liberal que le da énfasis a la corrección doctrinaria, sin dejar lugar para la experiencia de la fe. Interpreta las doctrinas del cristianismo tan sólo a la luz de la experiencia sentimental de cada individuo.

Pluralismo — No es en realidad una escuela de pensamiento, sino una doctrina que acepta la existencia de varios mundos o planos habitados, que ofrecerían un ámbito universal para la evolución del espíritu. Naturalmente, para cada "mundo" hay un tipo distinto de "dios". Es la doctrina que abrazan las filosofías espiritistas y espiritualistas.

Politeísmo — Es la creencia en más de un dios. Las fuerzas y los elementos de la naturaleza son dioses. Hay dioses para los sentimientos, para las actividades humanas, y hasta dioses domésticos. Los hindúes tiene millones de dioses que asocian a sus diversas religiones.

Positivismo — Es la doctrina filosófica predicada por Augusto Comte (1798-1857), quien se sintió inspirado a crear una "religión de la humanidad". En 1848 fundó la Sociedad Positivista, de la cual se originó la Iglesia Positivista.

El positivismo religioso enseña que nada es sobrenatural ni trascendente. Todas sus creencias están basadas en la ciencia, y tiene cultos, templos y prácticas litúrgicas. Es el culto que se les rinde a las cosas creadas en vez de serle rendido al Creador.[8]

Racionalismo — La expresión *racionalismo* se deriva del

sustantivo razón y, como el mismo término lo indica, es la filosofía que sustenta la primacía de la razón, de la capacidad de pensar. Considera a la razón como la esencia de lo real, tanto en lo natural como en lo histórico. Enseña que no se puede creer en lo que la razón desconoce o no puede escudriñar.

Unitarismo — Fue fundado en Italia por Lelio y Fausto Socino. Sigue la línea racionalista de Erasmo de Rotterdam. Es una filosofía religiosa que niega la divinidad de Jesucristo, aunque lo venera. Fue creada dentro del protestantismo, y afirma, entre otras cosas, la salvación de todos. No cree en toda la Biblia, en el pecado ni en la Trinidad. Se asemeja al universalismo.

Universalismo — Es un pensamiento religioso de la Edad Media, que le concedía la salvación o redención a todo el género humano. Es, tal vez, el precursor del movimiento ecuménico moderno. El centro de la historia es el pueblo judío, por su alianza con Dios, y después, la Iglesia cristiana. Afirma que la redención fue universalmente impuesta a todas las criaturas. . .

---

[1] 1 Corintios 11:19; Gálatas 5:20; 2 Pedro 2:1.
[2] 1 Corintios 2:12, 13; Filipenses 1:9; 1 Tesalonicenses 5:21, 22; 1 Juan 4:1.
[3] Lucas 4:16-22.
[4] 1 Timoteo 4:1; 2 Pedro 2:1.
[5] Génesis 3:1-7.
[6] 1 Corintios 1:22; Colosenses 2:8; 1 Timoteo 6:20.
[7] Hechos 8:9-24.
[8] Romanos 1:25.

2
La religión de Egipto y de Babilonia

Desde la confusión de Babel[1] el hombre se hallaba esparcido por todo el mundo. En la Mesopotamia, sin embargo, la extraordinaria fertilidad de los ríos Tigris y Eufrates hizo que, con el pasar del tiempo, se agrupasen allí pueblos de diferentes orígenes étnicos. Esas poblaciones, formadas por pequeños grupos independientes, practicaban cultos dedicados a dioses locales, representados por lo general bajo forma de animales.

Egipto,[2] gracias a la no menos extraordinaria fertilidad del valle del Nilo, fue también un importante polo prehistórico de antiguas civilizaciones. Tanto en Egipto como en Babilonia, la religión constituyó un sistema de interpretación del universo, con la finalidad de explicar en forma religiosa el esplendor de las civilizaciones, así como de justificar la estructura de las sociedades y las tareas que le tocaban a cada categoría social.

La religión de Egipto

En su fase prehistórica, los cultos eran de naturaleza local, y predominaban las divinidades representadas bajo la forma de animales. En cambio, durante la fase histórica, los dioses egipcios adquirieron formas humanas, o apariencia híbrida (parte humana, parte animal).

La religión era practicada por grupos aislados, sin fórmulas litúrgicas ni cuerpo de doctrinas. En general, los dioses garantizaban el equilibrio del cosmos, la estructura de la sociedad, la felicidad en la vida, la supervivencia después de la muerte, el ritmo de las crecientes y la fertilidad del suelo.

Más tarde, con el advenimiento de la escritura, los dioses

comenzaron a ser representados en forma humana o, mediante un fenómeno de sincretismo, con cuerpo humano y cabeza de animal. Entre las innumerables formas híbridas asumidas por las divinidades, se destaca Anubis, el acompañante de los muertos delante del tribunal divino, un dios con cabeza de chacal.

Los faraones: hijos de los dioses

La unificación de Egipto en el cuarto milenio a.C. provocó transformaciones en el orden religioso. El faraón y sus auxiliares retenían para sí los conocimientos de astronomía y de geometría que hacían posible el aprovechamiento de las crecientes del Nilo. De esta manera, el éxito de las labores agrícolas emprendidas era recibido por el pueblo como una dádiva de los dioses que confirmaba la filiación divina del faraón.[3]

La religión del Estado

Pasar de la divinización del faraón a la religión del estado, no fue muy difícil. Les tocaba a los faraones mantener en la tierra la continuidad de la organización cósmica. De esa manera se creía que la naturaleza era regulada por la intercesión faraónica, manifestada de modo especial mediante el control de las crecientes y la canalización del Nilo, presente de abundancia y riqueza otorgado al pueblo egipcio por los dioses.

La religión del estado reforzaba constantemente el importante papel que les tocaba a los reyes, cuya filiación divina se asociaba, en los períodos de mayor esplendor de la civilización egipcia, a los principales dioses solares: Ra, Amón-Ra y Atón.

En su condición de dios, y por tanto, de inmortal, le tocaba además al faraón el papel de mediador de los hombres delante de las divinidades, por lo que debía construir templos, presidir cultos y organizar ritos funerarios, orientado siempre por la diosa *Maat*, símbolo de la verdad, del equilibrio y de la justicia.

Los innumerables templos, pirámides y obeliscos, entre los cuales los más conocidos se remontan a la cuarta y la quinta dinastía (2613-2345 a.C.), demuestran esas atribuciones de los faraones. Muchos de estos monumentos estaban dedicados a *Ra*, el dios Sol, cuyo culto fue institucionalizado por el faraón, el "hijo del Sol" y Rey del Alto y del Bajo Egipto.

La noción de un dios principal

Ya que la religión constituía la forma básica de control, y también la base de la organización social, todo cambio de dinastía acarreaba alteraciones en el culto, de acuerdo con el estilo flexible del sistema religioso. Cuando predominaba el poder central, prevalecían los dioses cósmicos; al resurgir la fuerza popular, se revitalizaban los dioses locales.

Así pues, el panteón de los dioses egipcios era muy variado. *Ftá* era el creador, que coexistía con otros ocho dioses principales, entre los cuales estaba *Atón*.

Atón, que representaba la inteligencia y la voluntad, pasó a representar, en el tiempo de Amenhofis IV, el disco y los rayos solares, *Horus* representaba el horizonte. *Osiris* era tenido como un faraón que había resucitado en los brazos de su esposa *Isis*, y que fue vengado por su hijo *Horus*. Los tres componentes de la "familia" fueron divinizados y eran adorados en el panteón egipcio.

Estas ideas religiosas, de las cuales ya se encuentran vestigios a partir del año 2050 a.C., se hallan formuladas en los numerosos papiros que reciben el nombre genérico de "Libro de los muertos". También los innumerables descubrimientos arqueológicos llevados a cabo en Egipto han sacado a la luz las innumerables formas de adoración practicadas por aquel pueblo.

La religión de Babilonia

Los principios que habían regido la formación religiosa del antiguo Egipto, son los mismos que se aplican a la explicación religiosa de Mesopotamia, exceptuando la divinización de los reyes.

El monarca no era considerado "hijo de los dioses". Estos sólo lo adoptaban después de su consagración. Durante muchos años el poder religioso estuvo sometido al control del soberano. Sin embargo, cuando vino la secularización — separación entre el orden público y el religioso — se convirtió en uno de los principios del Código de Hammurabi (siglo XVIII a.C.) la no participación del monarca en el poder religioso de los templos locales.

Como resultado de esto, los templos comenzaron a ejercer una influencia política mayor en el reino. También la relativa secularización de la sociedad constituyó el fundamento de la inseguridad sicológica y religiosa de la Mesopotamia.

Los dioses

La concepción religiosa del pueblo abarcaba un panteón numeroso, gobernado por dioses arbitrarios, señores del destino de todo ser humano,[4] dioses contradictorios, buenos y terribles. Entre los hombres y las divinidades erguíase un complejo sistema de relaciones, en el cual se incluían el culto, el exorcismo y la magia.

El panteón mesopotámico era vastísimo. En el mismo se agrupaban, según la relación encontrada en la biblioteca de Asurbanipal (668-626 a.C.) en Nínive, más de 2500 entidades divinas. Esta relación empieza con los nombres de Anu, padre de los dioses, *Enlil*, la diosa madre, y otros dioses infernales presididos por *Nergal*.[5]

La religión de Marduk

Con la reforma política y religiosa de Hammurabi (1792-1750 a.C.), *Marduk*, dios de Babilonia (novena capital del reino), fue elevado a dios principal. Hijo de *Ea*, era el señor de la sabiduría, entendida como transmisión mágica del poder de curar y de la vida superior. Todos los años, en la fiesta del Año Nuevo, se representaba dramáticamente su victoria sobre las potencias del caos y del mundo inferior.

La religión de Marduk se convirtió en la última de las grandes síntesis de las corrientes espirituales mesopotámicas. En ese sentido, el sincretismo ganó importancia. La figura de Marduk[6] tenía dos rostros, correspondientes a su doble personalidad (que representaba a las ciudades de Babilonia y

Eridú), como hijo del sol y dios de la magia, hijo de las aguas profundas.

Aspectos diversos

Los zigurats — Eran construcciones compuestas por plataformas superpuestas, cuyo número simbolizaba la cantidad de planetas conocidos. Se tenía acceso a esos monumentos mediante escaleras exteriores.

Se suponía que los dioses descendían del cielo a estos "montes" sagrados, y se retiraban inmediatamente después de terminado el culto que les era debido. Según la creencia popular, los zigurats constituían el enlace entre el cielo y la tierra, y es probable que en ellos se haya basado la narración bíblica sobre la torre de Babel.[7] En su parte más secreta e inaccesible se encontraban las estatuas y los emblemas de los dioses.

El mundo de los muertos — Para los asirios y babilonios, la hora de la muerte era una decisión de los dioses. El mundo de los muertos consistía en un universo de sombras que se desvanecían; era una prisión sin salida, el siniestro reino de *Nergal*. Debido a la ausencia de esperanza en una verdadera vida futura, volvíase más preciosa la vivencia incierta del presente.[8]

El culto — La forma principal del culto la constituían la oración y la liturgia, dedicada a los dioses. Estos, al igual que los mortales, tenían que comer y beber, dormir y amar. Había estatuas que representaban a las divinidades,[9] adornadas de oro y plata, y a las cuales se les servían fastuosos banquetes sobre el altar — la "mesa de los dioses"— según un ritual cotidiano minuciosamente observado. Carnes de carnero, de vaca y de cerdo, pescado y legumbres, platos preparados todos con un cuidado digno de los divinos convidados, además de bebidas tales como hidromiel, vino y cerveza, componían el banquete ceremonial, consumido finalmente por los propios sacerdotes.

La oración — A veces cantada coralmente, expresaba la admiración de los celebrantes, exaltaba el poder de la divinidad y suplicaba su intercesión: "Oh valeroso Marduk, cuya cólera es como la de un huracán, / ¡Pero cuya bendición es la de un padre compasivo! / Nadie ha escuchado mi súplica: ¡he aquí lo que me destruye! / Nadie ha respondido a mis gritos: ¡he aquí lo que me tortura!. . ."

Con respecto a una oración como ésta, la Biblia tiene unas palabras muy a propósito:

> "Los ídolos de ellos son plata y oro,
> Obra de manos de hombres.
> Tienen boca, mas no hablan;
> Tienen ojos, mas no ven;
> Orejas tienen, mas no oyen;
> Tienen narices, mas no huelen;
> Manos tienen, mas no palpan;
> Tienen pies, mas no andan;
> No hablan con su garganta" (Salmo 115:4-7).

El horóscopo — Los horóscopos actuales son el resultado de la evolución de los calendarios que contenían las obligaciones, abstinencias y oportunidades para cada persona, de acuerdo con los meses o períodos del año.[10]

"Mes de Elul. Día 6. Nefasto. Ofrezca a su dios (personal) los alimentos que le convengan, y él los aceptará. Recite un salmo penitencial si no quiere ser vencido por su adversario. Día 7. Completamente propicio. Ofrézcale alimentos a Zábala. Día 10. Nefasto. Ofrézcales sacrificios a Istar y a Papsukal."

Como se puede ver, los horóscopos no tienen nada de científicos. Son, en realidad, ordenanzas o predicciones demoníacas.

Los demonios — Los babilonios creían que todo mal físico o psíquico tenía que ver con el pecado, u ocurría por la actuación de demonios instigados por hechiceros. Llegaban a culpar a los mismos dioses por el hecho de liberar a los demonios.[11]

El exorcismo — Una dimensión mágica de la religión en Mesopotamia era la práctica del exorcismo. Se hacían oraciones, penitencias, ritos especiales y otras prácticas, orientadas por los sacerdotes exorcistas (los *asipu*), con la intención de alejar las fuerzas maléficas y suprimir las causas del mal.[12]

---

[1] Génesis 11:1-9.

[2] Los egipcios aparecen en la Biblia como descendientes de Mizraím, hijo de Cam, hijo de Noé (Génesis 10:6, 13).

[3] Génesis 3:5; Ezequiel 28:11-19.

[4] Romanos 14:12.

[5] Las prácticas de la mediumnidad y la adoración de los demonios no son cosa nueva. Encontramos sus orígenes principalmente en la religión babilónica.

[6] El dios Marduk era conocido también como *Bel*. Véase lo que la Biblia dice respecto a ese dios: Isaías 46:1; Jeremías 50:2; 51:44.

[7] Génesis 11:1-9.

[8] Romanos 8:17; 1 Pedro 5:1.

[9] Nabucodonosor, rey de Babilonia, reconoció que el Dios de Daniel era el Señor de los señores (Daniel 2:47). Con todo, hizo una estatua, probablemente dedicada a Marduk, y exigió que la adoraran todos sus súbditos. Los verdaderos siervos de Dios no se inclinan delante de otros "dioses." (Daniel 3:1-30.)

[10] Isaías 47:13, 14.

[11] Deuteronomio 17:7; 1 Corintios 10:20.

[12] Marcos 16:17; Santiago 2:19; Apocalipsis 16:14.

3

La astrología

¿Es la astrología una secta falsa? ¿Se pueden considerar como herejías sus métodos? ¿Es una ciencia, un arte, una religión o simple charlatanería?

Estas y otras preguntas que pueden pasar por la mente del lector, podrán ser contestadas a medida que vayamos examinando el asunto en la exposición que sigue.

Síntesis histórica

La palabra *astrología* viene del griego *astron* (astro) y *logos* (palabra, disertación, discurso). Tiene su forma principal de expresión en el *horóscopo*, del griego *hora* (división del día, hora, instante) y *skopeo* (mirar, observar, examinar).

La astrología es una ciencia adivinatoria, que supone que los astros influyen en el curso de los acontecimientos y sobre el destino de los seres humanos. Afirma que la posición de los cuerpos celestes en un momento dado (o en el momento de nacer la persona), condiciona el futuro de modo favorable o desfavorable. La vida se vuelve entonces previsible y predecible mediante el estudio del cielo. Todo llega a depender de la exacta configuración del firmamento a la hora del nacimiento del ser humano, que es la base del horóscopo.

Por los documentos asirios antiguos se sabe que la idea de adorar a los astros, de rendirles culto, y hasta de pensar que se es dirigido por ellos, data desde los comienzos de la humanidad. Allí están los verdaderos principios de la astrología. Sus raíces son místico-religiosas; la identificación de los planetas como dioses en Babilonia y Asiria, condujo a la noción de que tales planetas, por haber presidido los nacimientos, no podrían dejar de influir en la vida de los nacidos.

En sus comienzos, la astrología era privilegio de la clase sacerdotal. Era, por tanto, puramente religiosa. Como los reyes tenían funciones sacerdotales, pasó a ser llamada "arte real", y se la aplicaba para descubrir el destino del rey y del estado teocrático del Oriente.

Tras la evolución de la Astronomía — ésta sí es la ciencia que estudia los astros — la astrología pretendió asemejarse a ella. Pero, con el correr del tiempo, el sentido adivinatorio y pagano de la astrología, siempre ligada a la adivinación, hizo que las dos caminaran separadas.

Los astros-dioses

Según Tolomeo (90-168 d.C.), ya se preveían los eclipses en el año 747 a.C. El curso del Sol y el de los planetas habían sido calculados alrededor del año 1000 a.C. Se conocían cinco planetas del sistema solar. A estos unieron el sol y la luna y formaron así el *siete*, número místico.

La astrología hizo que cada uno de ellos correspondiera con una divinidad mayor: *Marduk* o *Nebiru* (Júpiter), *Istar* o *Milita* (Venus), *Ninurta* o *Ninib* (Saturno), *Nebo* o *Nabu* (Mercurio), *Nergal* o *Meinodhac* (Marte), *Sin* o *Nannaru* (la Luna), *Samas* o *Shamash* (el Sol). Estos dioses-planetas eran llamados "intérpretes", pues permitían interpretar el futuro, el cual era, en realidad, la ejecución de la voluntad de esa "asamblea divina".

"Los dioses no descienden a minucias." Así, la creencia en un destino escrito en las estrellas no suponía la aceptación de un ciego determinismo. Eso permitiría en la Edad Media la aceptación — aunque reluctante — de la astrología en los medios católicos.

Cuando nació la astrología, se creía que el Sol, la Luna y los planetas giraban en torno a la Tierra, correspondiendo así cada signo a una determinada constelación de la faja o cinturón celeste. Pero con los descubrimientos revolucionarios de la Astronomía en la época de Galileo y de sus sucesores, los cálculos astrológicos entraron en gran confusión. Ya había más de siete planetas, además de que el Sol y la Luna debían ser sacados del grupo. No era la Tierra el centro del sistema, sino el Sol, y la Luna era tan sólo un satélite. De esa manera, la astrología sufrió un golpe mortal. Y hoy día, aunque adaptada a los conocimientos actuales, no pasa de ser una creencia en la que sobreviven residuos del paganismo y del misticismo antiguos.

¿Qué es el zodíaco?

La astrología tomó ese término de la Astronometría (ciencia que estudia las posiciones y los movimientos de los astros), y viene de los términos griegos *astron* (astro), y *metría* (medición).

El centro del Sol describe en la esfera celeste un círculo máximo. Su trayectoria aparente es plana y está situada en el plano que contiene la Tierra. A ese plano se le da el nombre de eclíptica, porque los eclipses sólo se producen cuando la Luna lo atraviesa. La zona limitada por los dos círculos paralelos situados a 8,50 de la eclíptica a cada lado de ella, recibe el nombre de "zodíaco".

Esta zona, por donde circulan los planetas del sistema solar, fue cortada en doce "casas" de 30⁰ cada una, en las cuales el Sol parece avanzar a razon de 1⁰ por día. En otras palabras, el Sol recorre ante nuestros ojos cada "casa" en un mes: esos son los signos del zodíaco.[1] Así pues, la expresión "haber nacido bajo el signo de Aries", por ejemplo, significa haber visto la luz durante el período de la primavera — del 21 de marzo al 21 de abril — durante el cual el Sol residía en la primera casa del zodíaco, puesto que la tradición lo hace comenzar en Aries (el carnero).

Los signos del zodíaco

La astrología moderna se basa en la historia que se halla implicada en los signos del zodíaco. ¿Cómo, pues, podemos explicar la existencia de esos signos? Cuando los consideramos, descubrimos que no pasan de ser invenciones, y que son muy especiales y peculiares.

Una mujer con un ramo en una mano y algunas espigas de mijo en la otra; un toro que está arremetiendo con furia; dos peces que están atados con una cuerda por la cola; un hombre que está derramando el agua contenida en un cántaro, y así sucesivamente. Hasta para el observador más despreocupado, o más libre de prejuicios, está claro que nada existe en absoluto en la disposición de las estrellas, que sugiera las varias figuras con las cuales son identificados esos signos del zodíaco.

Una creencia popular absurda

Los hindúes tienen la astrología como base fundamental de su religión, y lo mismo sucede con otros pueblos orientales. En el Occidente, la astrología se halla ampliamente difundida, y es consultada con frecuencia. Los astrólogos montan sus "consultorios", y distribuyen sus horóscopos, hechos para los periódicos, para las revistas, y hasta para revistas especializadas. En los programas de radio y televisión, principalmente en los noticieros, no faltan las informaciones astrológicas que explotan la fe popular. La técnica de adivinación usada por la astrología, es la principal de las que se hallan en uso corrientemente en todo el mundo occidental.

La astrología y la Biblia

Aun cuando algunos estudiosos (o curiosos) intenten combinar la astrología con la Biblia,[2] las referencias específicas encontradas en las Escrituras en cuanto a la astrología, son realmente pocas, y se hallan colocadas dentro del título general de la adivinación, que está terminantemente prohibida por ser una forma de idolatría y de abominación a los ojos del Señor:

— Dios le habló al pueblo de Israel contra esa práctica, que consideraba como un error de los paganos de los días primitivos. Deuteronomio 4:19:

"*No sea que alces tus ojos al cielo, y viendo el sol y la luna y las estrellas, y todo el ejército del cielo, seas impulsado, y te inclines a ellos y les sirvas; porque Jehová tu Dios los ha concedido a todos los pueblos debajo de todos los cielos.*"

— Si tal "ciencia" fuese verdadera, la Biblia la apoyaría. Veamos lo que está escrito en Isaías 47:13:

"*Te has fatigado en tus muchos consejos. Comparezcan ahora y te defiendan los contempladores de los*" cielos, los que observan las estrellas, los que cuentan los meses, para pronosticar lo que vendrá sobre ti.'' (Es una ironía.)

— En la ''limpieza'' que hizo el rey Josías, encontramos en 2 Reyes 23:5:

''Y quitó a los sacerdotes idólatras que habían puesto los reyes de Judá para que quemasen incienso en los lugares altos en las ciudades de Judá, y en los alrededores de Jerusalén; y asimismo a los que quemaban incienso a Baal, al sol y a la luna, y a los signos del zodíaco, y a todo el ejército de los cielos.''

— Los magos de Mateo 2 no eran astrólogos, como se suele afirmar, sino hombres temerosos de Dios y que esperaban la venida del Mesías de Israel (Lucas 2:25), a quienes les fue dada una gran señal de parte de Dios.

— No son los astros los que gobiernan nuestra vida, sino Dios, que nos pone en contacto con Jesucristo; 1 Corintios 10:13:

''No os ha sobrevenido ninguna tentación que no sea humana; pero fiel es Dios, que no os dejará ser tentados más de lo que podéis resistir, sino que dará también juntamente con la tentación la salida, para que podáis soportar.''

— La Biblia nos recomienda, además, huir de la idolatría. 1 Corintios 10:4:

''Por tanto, amados míos, huid de la idolatría.''

La astrología es de origen pagano e idólatra. Sus ''sacerdotes'' son, en su mayoría, espiritualistas (o espiritistas) y están envueltos en el ocultismo. Y cuando no lo están, hacen de la astrología una profesión, que es una de las más lucrativas en este momento, explotando comercialmente sus ''predicciones''.

Como esas predicciones sólo pueden resultar *Ciertas* o *Equivocadas*, el porcentaje de aciertos es del 50%, sin contar con los ''aciertos'' que cuadran bien con cualquier persona; como, por ejemplo, ''Usted va a pasar por una dificultad''; ''Usted tiene un gran problema que resolver''; ''Hay alguien en su vida''; ''Tenga cuidado con las relaciones que tiene con la persona amada''; ''Tenga cuidado con su salud''; y cosas por el estilo. ¿A quién no le van a servir esas "predicciones"?

La gran influencia actual del Oriente sobre el Occidente, ilustrada por tantos libros y por el crecimiento de la astrología, el espiritismo, la teosofía y demás sectas y pensamientos orientales, se hizo posible por la apostasía de grandes grupos del mundo occidental que anteriormente se decían cristianos.

Toca a los verdaderos cristianos combatir esas abominaciones, para que no logren sustituir la fe en la dirección providencial de Dios:

> "*Porque dos males ha hecho mi pueblo; me dejaron a mí, fuente de agua viva, y cavaron para sí cisternas rotas que no retienen agua*" (Jeremías 2:13).

Plutón, el planeta más recientemente descubierto, no entra todavía en esa historia.
Llegan a decir que hubo una astrología divina, diferente de la que existe hoy en día, aunque fue la antecesora de ésta; que los signos del zodíaco que se conocen actualmente, le fueron trasmitidos a la humanidad por el propio Adán, y que, cuando se los lee correctamente, presentan la historia de Cristo.

4
El hinduismo

El hinduismo es una religión repleta de ceremonias y observancias rituales. Tiene como base el sacrificio de animales, que sus adeptos hacen, no con el propósito de agradar a los dioses, sino con la creencia de alcanzar, a través del sacrificio, poderes sobrenaturales sobre este mundo y sobre todas las cosas.

Por la relación que tiene esta religión con todos los aspectos de la vida, hasta los más insignificantes, el hinduismo en sí es más una expresión social, que propiamente una manifestación religiosa. Modela toda la estructura social desde los actos más comunes de la vida diaria hasta la literatura y el arte. El hinduismo huye de la teoría y es una religión popular, politeísta, de la cual la mayoría de sus adeptos nada conoce, a no ser sus rituales y sus prácticas. En ese aspecto, es semejante al espiritismo bajo practicado en América Latina, en el que los fieles, por el miedo místico a lo sobrenatural y oyendo los consejos de los más viejos, se lanzan a las prácticas religiosas que se les aconseja seguir.

Las enseñanzas del hinduismo acerca de Dios no están de acuerdo con las enseñanzas del propio Dios, dadas a los profetas de Israel para todos los hombres, ni tampoco con las de Jesucristo, el Hijo de Dios.

Si creemos que de las familias de Sem, Cam y Jafet, hijos de Noé, han descendido todos los hombres que hay ahora en la tierra, hemos de admitir que los pueblos orientales, tales como los hindúes, se encuentran apartados de Dios por desobedecer sus preceptos, que eran conocidos por sus antepasados, y haber dado oídos a enseñanzas promovidas por el diablo y sus ayudantes.[1]

Datos históricos

El hinduismo, religión popular de la India, Ceilán y Birmania, tiene más de 500 millones de adeptos. Sus raíces son muy remotas, y se las puede considerar como el producto de otras dos religiones: el *vedismo* y el *brahmanismo*.

Entre los años 2000 y 1500 a.C., los invasores arios introdujeron el *vedismo* en el noroeste de la India e influyeron sobre la religión animista de los nativos, los drávidas y los mundas o coláricos. Ciertas formas de su culto a la naturaleza, así como sus grandes festivales, fueron posteriormente absorbidos y modificados por el hinduismo popular; pero algunas tribus (santalis, bhil, gondes) conservan hasta hoy su religión animista. Las representaciones de los dioses del hinduismo védico posterior revelan la diversidad de culturas antiguas de la región.

De la mezcla del vedismo con la mitología popular comenzó a surgir una forma de religión que terminó por llamarse *brahmanismo*, y que permaneció como religión de la India hasta cerca del año 250 a.C., cuando el rey Asoka, de la dinastía de Maurya (321-185 a.C.) aceptó el *budismo* como religión suprema. Al morir el rey, los brahmanes dejaron de celebrar sus mitos y de estudiar los *Vedas* (saber o ciencia), colección compuesta por cuatro compilaciones de documentos, heredada por los brahmanes del vedismo.

De la unión del brahmanismo corrompido con otros cultos populares ya existentes en la India, surgió el *hinduismo*, que no posee una doctrina única, ni clase sacerdotal organizada, ni cuerpo de rituales plenamente establecido. No puede ser considerado religión en el sentido generalmente aceptado de esa palabra. No existe una "iglesia hindú". Los templos son destinados a diferentes divinidades y funcionan en completa autonomía, sin estar sometidos a jerarquía o a disciplina algunas. Los escritores religiosos siguen ese mismo sistema. En general, sus dioses y sus creencias son oriundos del vedismo-brahmanismo.

Los Vedas

Son una colección compuesta por cuatro recopilaciones de

escritos muy usada por el brahmanismo. En el hinduismo, el estudio de los Vedas no es de mucha importancia, excepto en algunas escuelas filosóficas.

1. *Rig Veda* — O "Veda de las estrofas". Contiene 1028 himnos dedicados a las divinidades. Es una especie de antología en que la mayoría de los himnos se refieren al sacrificio, elemento fundamental del brahmanismo.

2. *Yajur Veda* — O "Veda de las fórmulas". Reúne una combinación de diversas fórmulas que acompañan a la liturgia, seguidas de comentarios en prosa.

3. *Sama Veda* — O "Veda de las melodías". Es semejante al Rig Veda, pero va acompañado de notaciones musicales, y es específicamente destinado a la ejecución del canto sagrado.

4. *Atharva Veda* — Es también semejante al Rig Veda, pero de carácter mágico y especulativo.

Existen varias escuelas filosóficas en el pensamiento hindú. Cada una de esas escuelas presenta dogmas, pensamientos y liturgias diferentes. El hinduismo, al igual que cualquier otra religión hindú, parte de los principios de los "Tres Caminos":

1. *Camino del conocimiento (Jnanamarga)*. — Doctrina que declara que el bien supremo puede ser obtenido a través del conocimiento.[2]

2. *Camino de la acción (Mimamsakas)*. — Declara que el más alto grado de ascensión espiritual que el hombre puede ansiar, sólo puede ser realizado por los sacrificios y otras observaciones rituales.[3]

3. *Camino del amor (Bhaktimarga)* — Declara que el más alto grado de ascensión espiritual se realiza a través del amor y de la consagración a la divinidad. Ese camino se convirtió en el más importante de los tres en la religión hindú.[4]

Hay varias corrientes en el hinduismo moderno. Están representadas por innumerables sectas, que tienden a mezclarlo con el cristianismo, como es el caso de Rama-krishna,[5] considerado santo por sus seguidores, que tenía "visiones" de Rama, Siva, Kali, Alá y Jesús, y decía que todos eran un solo Dios, hacia el cual la humanidad caminaba por vías diversas.[6]

La India, cuna de muchas religiones, es un gran centro de convivencia y de absorción de varios sistemas filosóficos y religiosos. El hinduismo sigue teniendo la mayoría de la población (85%), seguido del islamismo (9,9%), del cristianismo (2,3%), del sikhismo (1,7%), del jainismo (0,5%), del budismo (sólo el 0,1%) y de otros sistemas (0,5%).

Considerando el porcentaje de cristianos y sabiendo que en ella está incluida la gran mayoría católica, no estaría por demás afirmar que la India necesita urgentemente ser alcanzada por el Evangelio de Cristo. Oremos para que se levanten muchos obreros en diversas partes del mundo, con el propósito de evangelizar a los hindúes.

Enseñanzas del hinduismo

Como ya lo hemos visto, el hinduismo no tiene un cuerpo de doctrinas definido. Sus enseñanzas, en general, vienen del vedismo-brahmanismo, en el cual se basan sus escuelas filosóficas. A continuación presentaremos algunas de las enseñanzas que más se destacan en esta falsa religión:

Los dioses — Los hindúes tienen una infinidad de dioses.[7] Entre los más famosos están *Brahma*, el "creador de todas las cosas", *Vishnú*, el conservador del universo, y *Siva*, el destructor, llamado también el "consolador". La diosa *Kali* es también bastante adorada y es recordada siempre en los rituales.

Brahma, Vishnú y Siva componen la "trinidad" máxima del hinduismo. El paraíso hindú abriga a 330 millones de dioses, que son expresión de un *Brahmán* único que encierra en sí mismo el universo entero.

Brahma — Procede de Brahmán, causa primera, y es identificado como el principio de todas las cosas y la suprema realidad hacia la cual tiende el universo. Recibe por ese motivo los calificativos de *Suayambhu* (el que creó) o *Aja* (el increado). Surgió de las tinieblas primordiales, creó las aguas y en ellas depositó una simiente. Esa simiente se convirtió en un huevo dorado del cual él mismo habría de nacer como Brahma.[8]

Los ángeles (devas o genios "brillantes") — Son dioses que se hallan todavía en una etapa inferior. Normalmente son colocados como guardianes de la trinidad, como es el caso de *Bhaktapur* y *Nepal*; o como auxiliares de los dioses. Están en una planicie celestial llamada "devachán".[9]

Los demonios — Son fuerzas hostiles a los dioses y a los hombres. Impiden el sacrificio y la concentración durante los rituales. Son esculpidos en las puertas exteriores de los templos, a fin de que, al verlos, los fieles eviten sus maléficos artificios. Pueden manifestarse en diversas formas.

El hombre — Es una criatura como las otras, sujeta a un nuevo nacimiento (punajarm). Es la reencarnación sucesiva, la esperanza de llegar a una casta más elevada. La salvación consiste en la liberación de ese ciclo y en la fusión final con Dios, de quien emana.[10]

La teoría del karma — Es la famosa doctrina de la reencarnación.[11] A través de reencarnaciones sucesivas, el hombre va adquiriendo méritos espirituales junto a las divinidades. La ley del karma alcanza a todos los seres vivos, inclusive a los propios dioses, y actúa de manera infalible.

EL samsara — Es la transmigración del alma.[12] Afirma que el alma retornará al cuerpo de un hombre después de haber renacido 84 *laksa* (o sea, 84 × 100,000). Veinte *laksa* como planta, nueve como animal acuático, once como insecto, diez como ave, treinta como buey y cuatro como mono.

Después deberá nacer 2 × 100,000 veces en las más diversas condiciones humanas antes de liberarse definitivamente del *samsara*, ciclo de muertes y renacimientos sucesivos. Esta es la razón por la cual los hindúes adoran animales, haciéndolos sagrados. Según la creencia hindú, al matar una mosca, uno puede estar perturbando la evolución de un alma.

El sacrificio — Los sacrificios pueden, inclusive, llevar a los dioses a aquellos que hacen esos sacrificios. Son el medio más seguro del alcanzar poder sobre este mundo y la realidad sobrenatural, tanto con relación a los seres visibles como a los invisibles, a las criaturas animadas y a las inanimadas.

Saber efectuar el sacrificio es ser un "amo del mundo".[13] El que lo hace perfectamente, tendrá sus deseos satisfechos y sus aspiraciones realizadas. El sacrificio, para los hindúes, tiene un efecto mágico. Ellos no lo hacen con la intención de agradar con su ofrenda a un dios determinado, ni de obtener ayuda de él. Le atribuyen al sacrificio un efecto místico, en el sentido de traerle poder a quien lo practica. Los sacrificios, en su mayoría, son semejantes a las "brujerías" que muchas veces vemos en las encrucijadas. Puede ser un animal muerto, o tazones con comidas especiales, cintas de color, bebidas y velas.

La salvación — El destino del hombre no depende de ninguno de sus dioses, sino del esfuerzo de cada uno.[14] El hombre puede condenarse o salvarse de los sufrimientos causados por el *samsara*, la rueda de la vida que gira sin cesar, produciendo nacimientos y renacimientos sucesivos. La salvación consiste en la liberación de ese ciclo y en la fusión final con la divinidad.

La liberación — La liberación del mundo (en el que todo es malo) es el bien supremo.[15] La participación (bhakti) es una doctrina que enseña que la participación afectiva del hombre en lo divino, por intermedio del amor, la fe y la devoción emocional, se manifiestan a través de un deseo apasionado de unión con el Señor, por un abandono de la voluntad propia y la sumisión al Señor o a los maestros que facilitan el acceso a él.

La purificación — Se da a través de ciertas prácticas, como por ejemplo, la de zambullirse en el río Ganges, en Benarés.

La peregrinación al río Ganges es hecha cada doce años, en los días determinados por los astrólogos como favorables. Los fieles se reúnen en una gran multitud, en la confluencia de los ríos Ganges y Jumna para lavar sus pecados. De repente, y al mismo tiempo, obedeciendo al ritual, todos se precipitan en dirección a las aguas. Centenares de fieles mueren pisoteados, pero satisfacen sus ansias de ser purificados.[16]

Los cultos — Los cultos y los rituales varían enormemente. Hay ceremonias para esperar el nacimiento de un niño, para acompañar las varias etapas de la infancia, del matrimonio y del entierro. Sólo el *brahma samaj*[17] (una rama del hinduismo) tiene establecido un ritual común en todos los templos.

Los sacerdotes cuidan las imágenes y les ofrecen comida. Las fiestas religiosas están relacionadas con los acontecimientos sociales.

El yoga (unión o regla) — Es la práctica consciente o voluntaria que tiene por finalidad la dominación de la totalidad de los planos de la vida inferior, concentrando la energía de la vida vegetativa. Existen dos tipos de yoga: el *hatha-yoga*, practicado para adquirir poderes mágicos, y el *raja-yoga*, dedicado a alcanzar la perfección espiritual.[18] El yoga practicado en el Occidente — aun en el caso de ser practicado con la finalidad de "mejorar el cuerpo y la mente"— es sólo una evolución del yoga hindú.

Observación: Las refutaciones bíblicas que se emplean respecto al hinduismo, son válidas también contra el espiritismo, el vudú y otras falsas sectas. Como se puede ver, las herejías que van contra Dios y contra las enseñanzas bíblicas, son casi siempre las mismas en las diversas sectas. Lo que varía es la forma en que se presentan dichas herejías.

---

[1] Génesis 9:8-19.
[2] 2 Corintios 1:12; Santiago 3:17.
[3] Hebreos 10:12, 26; 1 Pedro 2:5.
[4] 1 Juan 3:16; 4:7.
[5] Gadadhara Chattopadhyaya, dirigente religioso indio nacido en Bengala (1836-1886).
[6] Juan 17:3.
[7] Exodo 20:1; Deuteronomio 10:17; Miqueas 7:18.
[8] Juan 5:20.
[9] Apocalipsis 19:10; 22:9.
[10] Génesis 2:7; Job 14:10; Salmo 144:4; Hebreos 9:27.
[11] Salmo 103:5; Hebreos 9:27.
[12] 1 Tesalonicenses 5:23; Santiago 5:20.
[13] Marcos 12:33; Hebreos 10:5, 12; 1 Pedro 2:5.
[14] Hechos 4:12; Hebreos 2:10; Apocalipsis 7:10.
[15] Isaías 61:1; Romanos 11:26.
[16] Salmo 119:9; Ezequiel 37:23; Hebreos 9:14.
[17] Sociedad brahmánica fundada en Calcuta en 1828. Llegó a constituir un movimiento influyente en la alta sociedad de Bengala.
[18] Santiago 1:17.

5
El budismo

Las transformaciones sociales ocurridas en la India durante los siglos VII y VI a.C., posibilitaron el florecimiento de nuevas ideologías religiosas, entre las cuales se encuentra el budismo. Este, abandonando antiguos conceptos, hizo del propio ser humano, apartado de cualquier divinidad o ayuda exterior, la única fuente de salvación.

Budismo es el nombre dado por los occidentales al sistema religioso fundado en la India alrededor del siglo V a.C., por Sidharta Gautama, llamado el *Buda* (del sánscrito *buddha*, "despertado, iluminado"). En el Oriente se lo denomina *Buddha-marga* (camino de Buda), *Buddha-dharma* (ley de Buda) o *Sad-dharma* (ley correcta o perfecta). Tiene por fin la realización plena de la naturaleza humana y la creación de una sociedad perfecta y pacífica.[1]

La tradición budista admite que, además de Sidharta Gautama, cuyo nacimiento tuvo lugar por el año 560 a.C., otros *Budas* han vivido sin darse a conocer. Todo aquel que busca la iluminación,[2] al igual que los que, después de conseguirla, se dedican a salvar al prójimo, se vuelven *Bodhisattvas* (Budas).

Habiendo surgido en medio de las confusiones religiosas y habiendo heredado la milenaria "sabiduría" de los Vedas y de las doctrinas del brahmanismo, el budismo es una mezcla de filosofía y espiritismo que se propone endiosar al hombre. En cambio, el centro de la verdadera religión es Cristo.[3]

Resumen histórico

Existen cerca de 578 biografías sobre la vida de Buda, cada una más fantástica que la anterior. El primer texto conocido que trata de su vida fue escrito 400 años despues de su muerte, aunque existen inscripciones budistas anteriores, en estelas de piedra.

Los textos referentes al nacimiento de Buda casi siempre envuelven este acontecimiento en una atmósfera poética y piadosa. Hijo del rey Shuddodana, Buda fue concebido en el vientre de la reina Maya durante el sueño por un pequeño elefante blanco. Sin causarle ningún sufrimiento a su madre, vino al mundo en un bosque tranquilo, cercado de flores, manantiales y árboles frutales. Nació con cuarenta dientes y diciendo: "Soy el señor del mundo". Conocía también al nacer 74 alfabetos, inclusive el chino, y tenía ochenta y tantas señales físicas distintivas del futuro Buda. Esta es una de las leyendas sobre su nacimiento.

Por las informaciones más comprobadas sabemos que Sidharta Gautama nació por el año 560 a.C. (556?) en Kapilavastu, capital de un pequeño reino próximo al Himalaya, en la actual frontera de Nepal. Pasó su infancia y su juventud en la corte de su padre, el rey Shuddodana, rodeado de lujo principesco. Se casó, siendo todavía joven, con su prima Yassodhara, y tuvo un hijo a quien le dieron el nombre de Rahula.

Sidharta tuvo su crisis religiosa cerca de los treinta años. Todo lo que se dice de su experiencia religiosa se basa en la leyenda de los cuatro encuentros

La leyenda de los cuatro encuentros

Le había sido dicho al rey Shuddodana que si quería evitar que su hijo lo abandonase, tenía que aislarlo del mundo e impedirle ver el sufrimiento. Es un poco difícil imaginarse cómo habría conseguido hacer eso y educarlo para gobernar al mismo tiempo.

En todo caso, esas medidas no progresaron. Sidharta, acompañado de su escudero-cochero Xanna, dio cuatro paseos sucesivos. En el primero vio a un viejo arrugado, trémulo y apoyado en un bastón.

— ¿Qué es eso? — preguntó.

— Es la vida, mi señor — respondió su escudero.

La misma cosa aconteció cuando Sidharta se encontró con un entierro y con un enfermo cubierto de llagas.

De esa forma Sidharta conoció el dolor, la muerte y el

tiempo que todo lc consume. Pero, en el cuarto paseo, se encontró con un hombre espantosamente flaco, desnudo, que sólo tenía un tazón para las limosnas y, con todo, tenía la mirada serena de un vencedor. Era un *monje asceta*, un hombre que había vencido el dolor, la muerte y la angustia en busca del Atman (yo) y lo había puesto en contacto con el mar eterno del ser que fluye de las apariencias ilusorias.

Después de la fiesta que celebró en palacio en honor del nacimiento de su hijo, a la mañana siguiente, Sidharta besó a su mujer y a su hijo, que estaban durmiendo, y huyó conducido por su cochero. Más adelante se cambió de ropa con un mendigo, se cortó el pelo con una espada y, descalzo, se encaminó al encuentro de los ascetas.

Rompió los vínculos de las ilusiones; buscaba ahora la *certeza* y el *absoluto* que le darían sentido a la vida.

La iluminación

Por el año 532 a.C., Sidharta renunció al ascetismo. Sus cinco discípulos lo abandonaron escandalizados por verlo tomar un baño en el río y aceptar una merienda ofrecida por una joven. De acuerdo con la leyenda,[4] Sidharta reconoció que no era la mortificación personal lo que conducía a la liberación.[5]

Después de alimentarse, se sintió más dispuesto a buscar la iluminación "Bhodi" y, tomando posición de yoga, se colocó bajo una higuera y se puso a meditar. Allí comienza su vida propiamente dicha.

Terminada la meditación de la higuera, Sidharta buscó a sus cinco compañeros y les comunicó su descubrimiento: Es posible anular las nuevas encarnaciones — el samsara — y escapar a los sufrimientos del mundo. Su premisa básica era: *Todo vivir es sufrir*. El hombre tenía que identificar los lazos que unen los sufrimientos a la vida y tratar de eliminarlos. De ahí proceden las *Cuatro verdades nobles* y el *Camino de los ocho pasos*, que veremos más adelante.

Buda falleció cuando tenía ochenta años. Después de su muerte el budismo se corrompió, dando origen a diversas sectas budistas. Cada cual tiene su interpretación propia de las palabras de Buda. Algunas sectas lo divinizaron; otras alegan que él, habiendo llegado al *Nirvana*, ya dejó de existir. . .

Diseminación del budismo

Los centros más importantes del budismo son: Indochina, el Tibet, Nepal, China, Japón, Corea y Ceilán. En la India existen sólo unos 200,000 budistas, pues el islamismo marcó su fin en su país de origen.

En Europa muchos se han adherido al budismo, más por moda que por otra cosa. En los Estados Unidos se introdujo en forma más seria a través de la secta japonesa zen, y tiene ahora cerca de 300,000 adeptos.

En la actualidad, debido a razones políticas, el budismo está en franca decadencia en China y en el Tibet. Pero en otros países asiáticos está pasando por una fase de reavivamiento, asociándose muchas veces a movimientos nacionalistas. Exponentes de la cultura hindú contemporánea, tales como Gandhi, Tagore, Nehru y Radh-krishnan, han demostrado gran simpatía por el budismo.

En Brasil, el primer grupo de budistas se formó en Río de Janeiro, en la década del 20. En 1955 fue reavivado con la introducción del budismo zen. El movimiento tomó el nombre de Sociedad budista de Brasil. Tiene un templo en Río de Janeiro y cuenta con adeptos y núcleos en San Pablo y en Brasilia. Los budistas japoneses inmigrantes tienen escuelas budistas, centralizadas en San Pablo bajo diversas denominaciones.

El número de adeptos del budismo en todo el mundo sobrepasan los trescientos millones.

La literatura budista

Cada una de las numerosas sectas del budismo tiene su propia versión de sus escrituras sagradas, junto con su vasto cuerpo de comentarios filosóficos y devocionales, inmersos muchas veces en el mito, la leyenda y el milagro. Presentan, por consiguiente, variaciones cualitativas.

Durante unos 400 años, las enseñanzas de Buda solamente fueron transmitidas en forma oral. Gran parte de la literatura de las diferentes sectas se ha perdido. Las enseñanzas budistas más importantes, que son la base de casi todas las otras, son los siguientes "cánones":

Cánon Theravada (Tipitaka — "Los tres cestos") — Son textos escritos en la lengua pali y se hallan en Ceilán, conservados en su totalidad. Existen también dos colecciones de esos textos en las lenguas china y tibetana. Este cánon se divide en tres partes:

1. *Vinaya* — "conducta". Contiene reglas de disciplina.
2. *Dharma* — "doctrina". Son discursos doctrinales atribuidos a Buda.
3. *Abhidharma* — Es la elaboración sistemática de las ideas expuestas en el Dharma.

Cánon Mahayana — Está escrito en sánscrito. Se divide en dos partes:

1. *Mahavastu* — La gran historia.
2. *Lalita-vistara* — Es un relato minucioso de la vida de Buda, desde su decisión de nacer hasta su primer sermón.

Dos cánones que merecen ser citados son el chino-japonés y el tibetano, habiendo sido traducido este último a diversos idiomas. Existen más textos dispersos, escritos en sánscrito, en manchú, en mongol y en varios dialectos del Asia central, como el tangut.

Facciones del budismo

De entre las diversas facciones del budismo, las más destacadas son:

— *Hinayana* (Pequeño camino): Sudoeste de Asia.
— *Mahayana* (Gran camino): Japón, China, Grecia y otros lugares.
— *Vajrayana* (Camino de diamante): China, Japón y otros lugares.
— *Budismo zen:* Estados Unidos y otros lugares.
— *Lamaísmo* (Mezcla del budismo con la demonolatría tibetana): El Tibet.
— *Tendai:* Japón, Tailandia y Birmania.
— *Zenmui:* Ceilán y otros países.
— *Asoka:* India, China, Ceilán y otros lugares.
— *Theravada:* Varios países.

Doctrinas

Dios — En el budismo original no existe la idea de un dios supremo que opera sobre el mundo. La idea de la divinidad, para Buda, era semejante a la de los brahmanes,[6] con la excepción de no admitir un Dios creador[7] (Ishvara).

El universo — El budismo difiere del hinduismo en cuanto a la concepción del universo. Las creaciones periódicas de los sistemas cósmicos son regidas por una ley eterna, y el proceso nunca tuvo comienzo y nunca tendrá fin.[8]

Brahma — "Mas, si un hombre. . . no deja olvidado a ente alguno del mundo que tenga forma y vida, y a todos los envuelve en sentimientos de amor, de piedad, de simpatía y de serenidad creciente, incesante y sin medida, entonces, en verdad, ese hombre conocerá[9] el camino que lleva a la unión con Brahma." (Buda)

Buda — Algunas sectas lo divinizaron; otras alegan que dejó de existir al llegar al *Nirvana*; otras afirman que sigue viniendo al mundo en diferentes y sublimes reencarnaciones. Mucha fantasía y mucho misticismo se unen a su persona. Los nombres que se le dan, muestran las distintas ideas acerca de Buda.

- *Sidharta Gautama* — Sidharta, nombre propio; Gautama, nombre de la familia.
- *Shakyamuni* — El sabio de la tribu de los Shakyas.
- *Bhagavat* — El bienaventurado.
- *Tathágata* — El perfecto que vio y partió.
- *Jina* — El victorioso.
- *Buda* — El iluminado, el hombre que despertó.

Mara — Es el demonio de las ilusiones, padre de tres hijas: Voluptuosidad, Codicia e Inquietud. Según el budismo, *Mara* lucha constantemente con el hombre, no permitiendo que éste alcance el Nirvana.

Samsara — Es el círculo de los renacimientos sucesivos.[10] Con la transmigración del alma a otros cuerpos había también una retribución. El samsara para el budismo es infinito; hasta los dioses están sujetos a esa ley. Sólo llegando al *Nirvana* quedaría el hombre libre del *samsara*.

El karma — En las reencarnaciones, lo que una persona practica en una vida, se incorpora a la próxima. Si el individuo fue bueno, seguirá siéndolo a lo largo de las infinitas vidas; si fue malo, se irá degradando y acabará por nacer esclavo o insecto. Es la ley de "El que la hace, la paga".[11]

El hombre — La visión budista de la naturaleza humana enseña que el hombre en su existencia no es bueno ni malo, pudiendo volverse bueno o malo conforme a su conducta. Algunas escuelas creen que el hombre tiene tendencias innatas para el bien; otras realzan que a la naturaleza humana, con su egoísmo, su ignorancia y otros factores negativos, le es difícil o imposible hacer que el hombre venza por sus propios esfuerzos.

El Nirvana — "El discípulo que haya renunciado al placer y al deseo, y el que es rico en sabiduría, ese alcanza en este mismo mundo, la liberación de la muerte, el Nirvana, la morada eterna."[12] (Buda)

El Nirvana es la extinción del ser, una autoextinción en que toda la idea de personalidad individual cesa, deja de existir. No habiendo, por consiguiente, nada que pueda renacer, el alma se extingue en la nada, en la felicidad eterna, en el no ser.

Toda la doctrina budista tiene la mira de llevar al hombre a extinguirse a sí mismo. Es el único medio de escapar a los horrores del *samsara*. El hombre que consigue llegar a esa etapa, es libre. La felicidad no existe; es la liberación del dolor. ¡La liberación del dolor termina en la NADA!

Sería asombroso: perder tanto tiempo en la tierra con especulaciones filosóficas, religiosidad y otras cosas más, tan sólo para llegar a la nada. . .

El sufrimiento — "Es muy difícil penetrar con la punta de un cabello quebrado unas cien veces en un pedazo de cabello igualmente quebrado. Es más difícil aún comprender el hecho de que todo es sufrimiento.[13] La universalidad del dolor sólo se evidencia paulatinamente, a medida que el hombre adquiere una experiencia de iluminación espiritual, venciendo así la causa del sufrimiento y del flujo transmigratorio, a saber, la ignorancia, la ilusión, el sueño en que yacen la mayoría de los hombres." (Buda)

El suicidio — El budismo no admite el suicidio, que considera inútil, ya que lleva al hombre a una nueva reencarnación, de vuelta al mundo y a los dolores. En cambio, si el hombre ya alcanzó el nirvana, el suicidio es indiferente, porque ya no existe más. En ese caso, creyendo hacer el bien, vemos monjes budistas que mueren carbonizados en protesta por alguna cosa que aflige a los hombres. Dejando de existir, reposará en la inconmensurable paz del nirvana; ¡en el no ser![14]

Las tres marcas — Tradicionalmente el budismo se distingue de las otras religiones por las llamadas tres marcas: *impermanencia, insubstancialidad y nirvana.*

La idea de la *impermanencia* sostiene que no existe en el mundo nada que sea eterno y perenne. La de la *insubstancialidad*, que los fenómenos no tienen un núcleo estable que determine su naturaleza; son meras combinaciones. La idea del *nirvana* ya la hemos comentado en una exposición anterior.

Las cuatro verdades nobles — Estas verdades componen, en la visión budista, la ley fundamental del universo. Son la doctrina base de todas las escuelas y sectas del budismo.

1. *Sobre el dolor:* El nacimiento es dolor, la vejez es dolor, la enfermedad es dolor, la muerte es dolor, el contacto con lo desagradable es dolor, la separación de lo que es agradable es dolor, no realizar los deseos es dolor. En resumen, los componentes de la individualidad, a saber, el cuerpo, las sensaciones, las percepciones, las formaciones síquicas y la conciencia (conocimiento), son dolor.

2. *Sobre el origen del dolor:* El deseo de existir es el que conduce al renacimiento, el que trae el placer y la codicia, el que busca su satisfacción; la sed de experiencia sensorial, la sed de seguir viviendo.

3. *Sobre la supresión del dolor:* La extinción completa del deseo, a fin de que no haya pasión. Alejarlo de sí, renunciar a él, librarse de él y no darle lugar alguno.

4. *Sobre el camino que lleva a la supresión del dolor:* El sagrado camino de ocho pasos: visiones rectas, voluntad recta, lenguaje recto, conducta recta, medios rectos de subsistencia, esfuerzo recto, recto desvelo y concentración recta.[15]

Como podemos notar el budismo es una religión falsa. Sus doctrinas evaden los pincipios del dios Creador de los cielos y de la tierra, de acuerdo a la revelación dada a sus siervos a través de la Biblia.

Si creemos que Dios es universal, no podemos creer que la "iluminación" hallada por Sidharta vino de El. Dios no se contradice. El profeta Isaías, que profetizó más de cien años antes de que Buda naciera, ya alegraba nuestro corazón con palabras como éstas:

> "Ciertamente llevó él nuestras enfermedades, y sufrió nuestros dolores... y por su llaga fuimos curados" (Isaías 53:4, 5).

[1] 1 Corintios 13:10.
[2] Salmo 19:8; Efesios 5:18.
[3] 2 Corintios 5:17.
[4] 1 Timoteo 4:7; 2 Pedro 1:18.
[5] Juan 8:36; Hechos 7:34; Romanos 6:18.
[6] En el budismo se pueden encontrar elementos doctrinales panhindúes al lado de otros específicamente budistas. Los elementos panhindúes siguen la línea del vedismobrahmanismo. Esos elementos panhindúes son la cosmología, la doctrina del tiempo cíclico y los conceptos del karma, el samsara y el moksha.
[7] Génesis 1:1; Juan 1:1-12.
[8] Apocalipsis 21:1.
[9] Juan 14:6; Hechos 18:26.
[10] Hebreos 9:27.
[11] Juan 8:36; Romanos 14:12.
[12] Nos parece que la noción doctrinal del Nirvana de Buda difiere de la interpretación de muchos autores. En este caso, el Nirvana vendría a ser el estado de extinción del sufrimiento humano, para la liberación de la ilusión y la toma de la conciencia de su verdadera naturaleza.
[13] Gálatas 5:22; 1 Pedro 1:8.
[14] Juan 14:2; Apocalipsis 21:1-8.
[15] Isaías 53:4, 5.

6

El catolicismo romano

La Iglesia Católica afirma que es la única y verdadera Iglesia de Cristo, alegando su existencia desde el inicio del cristianismo. Se considera la Iglesia que Jesucristo fundó, y tiene en Pedro, uno de sus discípulos, su primer papa.

Recuento histórico

Después de Pentecostés, los cristianos se dedicaron a predicar el Evangelio en larga escala. Después de realizar un gran esfuerzo entre los judíos durante casi dos años, las misiones cristianas, coadyuvadas por los que estuvieron presentes el día de Pentecostés,[1] se dedicaron a evangelizar a los gentiles con gran ardor misionero. Un ejemplo de esto se encuentra en la propia iglesia de Antioquía, que envió a Pablo y a Bernabé.

Hasta entonces las iglesias eran autónomas y no tenían ninguna forma de gobierno eclesiástico. Eran guiadas y orientadas por el Espíritu Santo, el Consolador prometido por Jesús. Respetaban las orientaciones de los apóstoles y no reconocían sobre ellas líder alguno que tuviese la incumbencia de representar a Cristo, ya sea espiritualmente, ya sea administrativamente, papel atribuido al propio Espíritu Santo.[2].

Muchas persecuciones les salieron al paso a los cristianos, comenzando con el emperador romano Nerón (54 a 68 d.C.), hasta el año 311, cuando apareció el Edicto de Tolerancia, publicado por Galerio, emperador romano de Oriente, en el cual reconocía que era una insensatez de perseguir a los cristianos.

En 323, Constantino llegó a dominar todo el Imperio Romano, una vez que el Imperio de Occidente había caido. El emperador revolucionó la posición del cristianismo en todos los aspectos. Primero declaró la igualdad de derechos de todas las religiones, y después pasó a hacerle ofertas valiosas al cristianismo, construyéndole iglesias, eximiéndolo de impuestos y hasta sustentando sus clérigos.

Aquí es donde podemos colocar el inicio del Catolicismo Romano. El cristianismo se convirtió en la religión oficial del Imperio, y mucha gente entró en la Iglesia, tan sólo porque era la religión del gobierno.

Los verdaderos cristianos fueron, marginados en realidad, por no estar de acuerdo con tal situación. Formaron grupos separados que siempre marcharon paralelos con la iglesia favorecida y repleta de personas que buscaban intereses políticos y sociales. Con el transcurso de la historia, esos cristianos, por no aceptar tal situación, eran perseguidos por los otros "cristianos", y muchos de sus líderes eran tachados de herejes.

El Concilio de Nicea

El Concilio de Nicea, celebrado en Asia Menor (325 d.C.) y presidido por Constantino, así como los otros Concilios que le sucedieron, estaban compuestos por todos los obispos, algunos de ellos nombrados por el propio Emperador y otros que eran nombrados por los líderes religiosos de las diversas comunidades.

Con el transcurso del tiempo, el obispo de Roma llegó a ejercer autoridad sobre los demás. Esto es lógico, por el hecho de hallarse en la antigua capital del mundo. La palabra *papa*, nombre que le daba el pueblo romano, pasó a designar el nuevo oficio del obispo de Roma.

El Concilio de Constantinopla

El Concilio Ecuménico de Constantinopla (381) consagró oficialmente el apelativo de "católica" aplicado a la Iglesia: "Creo en la Iglesia, que es una, santa, católica y apostólica". Esta frase fue insertada de ahí en adelante en el símbolo de la fe. La Iglesia ortodoxa y las iglesias reformadas admiten también esta calificación.

El primer papa

Roma tuvo muchos obispos, pero el primero en sustentar y defender su autoridad, ejerciendo el derecho de imponer sus órdenes a los obispos de todas partes, fue León I (440-461), el cual puede ser considerado el primer Papa del Catolicismo Romano.[3]

La mezcla de paganismo en la vida católica

Después de Constantino, el cristianismo comenzó a asimilar prácticas paganas. Esto pasó porque muchos paganos entraron en la Iglesia sin conversión, y ejercieron gran influencia en el culto.

El culto tributado a los santos y la veneración de los mártires y de otros hombres y mujeres famosos, llegaron a tener plena aceptación. Se crearon rituales que eran una mezcla de ceremonias paganas heredadas de diversas religiones, y de ceremonias sacerdotales del Antiguo Testamento.

Los santos comenzaron a ser considerados algo así como pequeñas divinidades, cuya intercesión era valiosa delante de Dios. Surgió la veneración de reliquias y de lugares. Antes del año 500, el culto a la virgen María ya había triunfado. El paganismo romano tuvo gran influencia en la formación del culto católico.

Diferencias existentes entre la Iglesia Católica y las Iglesias Evangélicas

Son muy numerosas las diferencias existentes entre la Iglesia Católica y las Iglesias Evangélicas. Trataremos de presentar en forma resumida algunos conceptos de la fe católica, comparándolos con los conceptos de la fe que profesamos de acuerdo con la Biblia, mostrando la falsedad de las enseñanzas católico-romanas.

Acerca de la Biblia

Iglesia Católica
— Enseña que la lectura de la Biblia es peligrosa para los indoctos.

— Dice que nadie debe atreverse a interpretar la Biblia de manera contraria a la interpretación católica, o sin el asentimiento de las autoridades eclesiásticas.

— Acepta como canónicos (inspirados) libros del canon alejandrino que no constan en el canon hebreo.

— Venera y acepta otras cosas además de la Biblia:
  • La tradición.
  • Las enseñanzas de la propia Iglesia Católica y sus concilios;
  • Las declaraciones infalibles del papa.

Iglesias Evangélicas

— Recomiendan a todos la lectura de la Biblia.

— Reconocen que no se necesita sabiduría intelectual para entender las verdades fundamentales de la fe cristiana.[4]

— Aceptan Deuteronomio 6:6-9:

"*Y estas palabras que yo te mando hoy, estarán sobre tu corazón; y las repetirás a tus hijos, y hablarás de ellas estando en tu casa, y andando por el camino, y al acostarte, y cuando te levantes. Y las atarás como una señal en tu mano, y estarán como frontales entre tus ojos; y las escribirás en los postes de tu casa, y en tus puertas.*"

— Consideran la Biblia como única regla de fe y práctica de la vida cristiana

Acerca de la Iglesia

Iglesia Católica

— Dice que es la única y verdadera iglesia, y que fuera de ella no hay salvación.

— Dice que fue fundada sobre Pedro, la roca.[5]

— Dice que es la única que tiene las señales de la verdadera Iglesia: que es una, santa, católica y apostólica.

Iglesias Evangélicas

— Se basan únicamente en la Palabra de Dios.

— Se componen de todos los que están unidos en Cristo por una fe viva en El como el Hijo de Dios y Salvador del pecador, sin más intermediarios.

— Creen que Jesús es el fundamento y la cabeza de la Iglesia.

— Creen que Jesús es el único Salvador y el único Mediador entre Dios y los hombres.

Acerca de las doctrinas

Iglesia Católica

— Dice ser apostólica, fundada por Pedro, y predica sus doctrinas basándose en el hecho de haber sido fundada por Pedro y por otros apóstoles.

— Acepta doctrinas basadas en interpretaciones de los "padres de la iglesia", de los papas o de sus concilios.

Iglesias Evangélicas

— Las doctrinas cristianas y apostólicas son las de la Biblia. Lo que los apóstoles enseñaron para que fuera doctrina de la Iglesia, consta en la Palabra de Dios.

A continuación exponemos una lista de doctrinas que predicaron los apóstoles y que la Iglesia Católica ha modificado:

— *Cristo es el fundamento de la Iglesia:*

"*Porque nadie puede poner otro fundamento que el que está puesto, el cual es Jesucristo*" (1 Corintios 3:11).

— *Cristo es la cabeza de la Iglesia:*

"*Sobre todo principado y autoridad y poder y señorío, y sobre todo nombre que se nombra, no sólo en este siglo, sino también en el venidero; y sometió todas las cosas bajo sus pies, y lo dio por cabeza sobre todas las cosas a la iglesia*" (Efesios 1:21, 22).

— *Cristo es el único mediador:*

"*Porque hay un solo Dios, y un solo mediador entre Dios y los hombres, Jesucristo hombre*" (1 Timoteo 2:5).

La Iglesia Católica ha modificado estas y otras doctrinas. Por eso no se la puede llamar "apostólica" por el simple hecho de su antigüedad. Además de esto, creó y agregó muchas otras doctrinas y dogmas nuevos. Por ejemplo:

— El comienzo del papado — 380 a 600 d.C.

— La veneración de reliquias — 400

— La doctrina del purgatorio — 600

— La canonización de los santos — 1000

— El sacrificio de la misa — 1100

— La transubstanciación — 1215

— Los siete sacramentos — 1215

— La confesión auricular — 1216

— La venta de indulgencias — 1517

— La tradición — 1546
— Autorización de los libros apócrifos en la Biblia — 1547
— Credo del papa Pío IV, que introdujo nuevas doctrinas — 1560
— La inmaculada concepción de María — 1854
— La infalibilidad del papa — 1870
— La asunción de María — 1954

Iglesia Católica

— Invoca y venera a los santos, situándolos como mediadores entre Dios y los hombres. Notemos la flagrante contradicción con la Biblia en la enseñanza de Cristo y de los apóstoles:

"*Yo soy la puerta; el que por mí entrare, será salvo; y entrará, y saldrá, y hallará pastos*" (Juan 10:9).

"*Por lo cual puede también salvar perpetuamente a los que por él se acercan a Dios, viviendo siempre para interceder por ellos*" (Hebreos 7:25).

"*Hijitos míos, estas cosas os escribo para que no pequéis; y si alguno hubiere pecado, abogado tenemos para con el Padre, a Jesucristo el justo*" (1 Juan 2:1).

Lea además: Hechos 4:10; Mateo 7:7; 1 Timoteo 2:5; Hebreos 4:15; 6:20; y otros.

— Enseña la confesión auricular y obligatoria, hecha al sacerdote. Veamos lo que dice la Biblia al respecto:

"*Porque si perdonáis a los hombres sus ofensas, os perdonará también a vosotros vuestro Padre celestial*" (Mateo 6:14).

"*Mi pecado te declaré, y no encubrí mi iniquidad. Dije: Confesaré mis transgresiones a Jehová; y tú perdonaste la maldad de mi pecado*" (Salmo 32:5).

"*Confesaos vuestras ofensas unos a otros, y orad unos por otros, para que seáis sanados. La oración eficaz del justo puede mucho.*" (Santiago 5:16).

Acerca del purgatorio

La Iglesia Católica enseña que existe un lugar llamado *purgatorio*, a donde van a parar las almas de la mayoría de los que parten de esta vida. Allí tienen que purgar la pena debida por las manchas o "pecados veniales" que les haya quedado de esta vida terrena, antes de poder entrar en el cielo.

Las oraciones de los parientes o de los amigos, así como las misas, les pueden ayudar a aliviar sus penas.

Las almas del purgatorio padecen un tormento muy semejante al de las almas del infierno, con la única diferencia de que estas últimas nunca podrán salir del infierno, mientras que las del purgatorio han de salir de allí, aunque no se sabe cuándo.[6]

En toda la Biblia no se encuentra ni un indicio del lugar alguno llamado purgatorio. La Biblia habla de dos lugares: el cielo y el infierno. No menciona ningún lugar intermedio a donde vaya el alma del difunto.

La sangre de Jesucristo es el único medio que Dios ha dado para limpiar nuestros pecados:

"*Siendo justificados gratuitamente por su gracia, mediante la redención que es en Cristo Jesús*" (Romanos 3:24).

"*Y casi todo es purificado, según la ley, con sangre; y sin derramamiento de sangre no se hace remisión*" (Hebreos 9:22).

"*Pero si andamos en luz, como él está en luz, tenemos comunión unos con otros, y la sangre de Jesucristo su Hijo nos limpia de todo pecado*" (1 Juan 1:7).

Las Escrituras enseñan que no se espera mucho tiempo después de la muerte para llegar al cielo, sino que el traslado es inmediato:

"*Entonces Jesús le dijo: De cierto te digo que hoy estarás conmigo en el paraíso*" (Lucas 23:43).

"*Porque de ambas cosas estoy puesto en estrecho, teniendo deseo de partir y estar con Cristo, lo cual es muchísimo mejor*" (Filipenses 1:23).

Conclusión

Estamos seguros, después de lo que hemos visto en síntesis, de que el catolicismo romano es en realidad una descentralización del verdadero cristianismo, como éste fue practicado por los apóstoles. Tiene una gran mezcla de doctrinas falsas y dogmas humanos, en los que está ausente el verdadero espíritu de Cristo.

Pedro nunca fue papa. Pablo, escribiéndoles a los romanos, saluda a todos sus amigos y cooperadores que estaban allí (vea Romanos 16:1-24) y no menciona su nombre.

Así pues, un buen número de las enseñanzas de la Iglesia Católica están arraigadas en historias incomprobables, tradiciones, mandamientos de hombres y dogmas carentes de fundamento. Necesitamos orar por los católicos, amarlos y darles a conocer el Evangelio puro y vivificante.

---

[1] Hechos 2:9-11.
[2] 1 Corintios 12:13; 2 Corintios 3:17; Gálatas 3:3; Efesios 1:3, 14; Hebreos 3:7; 1 Juan 5:6; etc.
[3] Pedro no fue tan siquiera obispo de Roma. No existe ninguna referencia digna de aceptación que nos hable de otros "papas" anteriores que hayan ejercido esa función.
[4] Mateo 11:25.
[5] Se basa en Mateo 16:18, donde Jesús afirma que la piedra sobre la cual será edificada su Iglesia, es la afirmación de Pedro: "Tú eres el Cristo, el Hijo del Dios viviente" (v. 16), y no el apóstol.
[6] Concilio de Florencia — 1439.

7
El sintoísmo

Esta religión japonesa surgió de la adoración de la *naturaleza* y de los *antepasados*, en alguna época anterior al siglo VI, cuando aparecieron los primeros escritos. En japonés "shinto" quiere decir "camino de los dioses o hacia los dioses", y surgió en esa época, para diferenciarlo del budismo — que ya se había importado entonces desde China, en el continente.

El sintoísmo es, fundamentalmente, un conjunto de costumbres y de rituales, más que un sistema ético o moral. Sus seguidores participan de fiestas y peregrinaciones, y valorizan la pureza ceremonial y la higiene corporal. Muchos sintoístas son a la vez budistas practicantes.

Esta religión tiene un complejo grupo de *Kami*, o divinidades; entre ellas se encuentra la diosa del sol, conocida como "gobernante de los cielos".[1] También son venerados los emperadores deificados, los espíritus guardianes de las familias, los héroes nacionales, las divinidades de los árboles, de los ríos, de las ciudades y de las fuentes de agua.

La aparición de los dioses en el sintoísmo tuvo inicio con cinco grandes divinidades:

— *Amenominakanushi* (Señor del Augusto Centro del Cielo).

— *Takamimusubi* (Alto Progenitor del Dios Prodigioso).

— *Kamimusubi* (Divino Progenitor del Dios Prodigioso).

— *Umashiashikabihikoji* (El Más Viejo Soberano de la pluma de escribir).

— *Amenotokotachi* (El Eternamente Acostado en el Cielo).

La secuencia prosigue con "las siete generaciones divinas", dos dioses y cinco parejas más, que se multiplican infinitamente. Existen también las divinidades maléficas y las divinidades representativas de los astros.

Los ritos fúnebres

Puesto que el culto a los antepasados desempeña un papel prominente en el sintoísmo, los ritos fúnebres tienen igualmente un gran valor. El elemento central del culto mortuorio es el *mitamaya*, "casa augusta de las almas", pequeño cofre blanco en cuyo interior se coloca la tablilla *tamashiro*, "marca de las almas", que tiene escrito el nombre del difunto, con su edad y año de su muerte.

El *mitamaya* es considerado por la familia como el altar de los antepasados, delante del cual se hacen las ofrendas debidas a las almas y a los "kamis".

Los lugares sagrados

Varían desde pequeñas capillas a la vera de los caminos, hasta grandes santuarios nacionales, como es el caso del *Kashikodokoro*, santuario del palacio imperial de Tokio, todos construidos y dedicados a la divinidad o las divinidades.

Cada casa sintoísta tiene un altar sagrado en el cual se halla colocado un santuario de madera en miniatura, que contiene tablillas en las que están escritos los nombres de los antepasados venerados.

Además de adorar a muchos dioses, todos ellos creados por la imaginación popular, o hechos dioses por la benevolencia erudita de sus líderes, los sintoístas les rinden culto a sus antepasados. Todas estas son prácticas contrarias a las enseñanzas bíblicas y a la voluntad divina.[2]

---

[1] Amateratsu, diosa que, según la tradición sintoísta, surgió de trajes abandonados de Izanagi marido de la diosa Izanami.

[2] Jeremías 22:10; Ezequiel 24:17; Lucas 20:38; Apocalipsis 14:13.

8
El taoísmo

Junto con otros movimientos, el taoísmo influyó en la filosofía y en la cultura chinas. Se constituyó, en realidad, a partir de dos movimientos: de la filosofía (Tao Chia) y de la religión (Tao Chiao). Ambos movimientos tuvieron su origen en el filósofo Lao-Tsé, que, según la tradición, vivió en el siglo VI a.C.

En el libro Tao-Teh-king, atribuido a Lao-Tsé, se afirma que el Tao (camino o ruta) no puede ser expresado en palabras, ni puede ser definido.

La filosofía del taoísmo adopta un naturalismo radical, predica la aceptación de "todas las cosas en su estado natural" y deplora la violencia, las invenciones innecesarias, las ceremonias artificiales y las actividades gubernamentales, como la guerra y los impuestos.

Tiene un interés práctico por la higiene, por los problemas relativos a la dietética y al régimen de vida y por la medicina. La moral sexual y la sobriedad en las obligaciones cotidianas han de ser observadas como asuntos relacionados con la cosmología y el misticismo.

Los principios fundamentales

El taoísmo filosófico concibe un principio absoluto, el Tao, inactivo y concentrado, cuya emanación generó lo que existe: "El Tao produjo el Uno; el Uno produjo los Dos (el Yin y el Yang)[1]; los Dos produjeron los Tres (cielo, tierra, hombre); los Tres produjeron las diez mil cosas."

El Taoísmo religioso surgió en el siglo primero bajo el liderazgo de Chang Tao-lin, líder religioso popular que curaba a los enfermos y que fundó un gran número de monasterios, conventos y templos. En los cuatro primeros siglos siguientes, Ch'ien-Chih se destacó entre los que le sucedieron, por el hecho de haber instituido elaborados ceremoniales y de haberles dado nombres a las diversas entidades.

El taoísmo se caracterizó por su gran número de sectas y sociedades. A partir de un breve período de apoyo estatal durante la dinastía T'ang (618-907), ha sido la religión de los semialfabetizados.

Lao-Tsé (604 a.C.)

El supuesto fundador del taoísmo nació, como se acepta por lo general, en el 604 a.C. en la provincia de Honan, China. Sin embargo, no se sabe de cierto si existió realmente. Su nombre significa tan sólo "el viejo filósofo".

Según la tradición china, Lao-Tsé nació con el nombre de Li Erh. Vivió como recluso y se hizo archivero de la corte Chou. Consta que en 571 a.C., se encontró con su contemporáneo Confucio, a quien reprendió por su vanidad y su ambición. Cuando se jubiló, ya en edad avanzada, Lao-Tsé viajó al occidente y nunca más se oyó hablar de él. Dice la leyenda que, al salir de Honan, el guardián de la provincia le pidió que escribiese lo que pensaba sobre el Tao. Entonces Lao-Tsé creó el Tao Teh-king, texto que se convirtió en la base de la filosofía taoísta.

Doctrinas

El taoísmo no dispone de un cuerpo doctrinario, ni de un conjunto de prácticas recibidas mediante inspiración divina por un profeta o un escogido. Al contrario, presupone una cosmovisión individual buscada en el Tao, primer principio del universo entrevisto o sentido y no racionalizado, a través del éxtasis.

El sentido del cosmos

Cualquier elemento existente —mineral, vegetal o animal— es influido por el principio absoluto del Tao que habita y opera en todo, y de él procede el destino de cada ser.

En consecuencia, actúa en cualquier elemento existente, y el alma de cada cosa, por separado, expresa una verdadera participación del principio universal. Sólo las almas que han aprendido el gran secreto de la unidad, se reintegran en el absoluto consciente y captan el sentido del cosmos.

Vivir de acuerdo con el Tao significa obedecer a los impulsos naturales, y apartarse de todas las artificialidades. La pasividad y la armonía son importantes para mantener la "sencillez original de la naturaleza humana".

El taoísmo moderno

El taoísmo moderno ya se ha vuelto altamente institucionalizado, y se caracteriza por tener numerosos dioses y sectas influidas por las ideas budistas.

El uso de la magia y de la superstición y de un énfasis exagerado en las bendiciones terrenales, tales como la riqueza, una vida larga, la salud, la sabiduría y otras cosas ligadas a la tierra, caracterizan esa religión, que, al igual que las otras, carece totalmente del temple evangélico, de acuerdo a las enseñanzas de Jesús.[2]

---

[1] Yin, principio femenino negativo; Yang, principio masculino positivo.
[2] Marcos 13:11; Lucas 12:11; Colosenses 3:1, 2; 1 Juan 2:15; 5:19; Apocalipsis 11:15.

9
El islamismo

El islamismo es la religión fundada por el profeta Mahoma (570 a 632 d.C.), en el 622, en Yatribe (la actual Medina, en la Arabia Saudita). La palabra árabe *Islam* significa "sumisión a Dios", y los seguidores de esa religión son llamados mahometanos (seguidores de Mahoma) o musulmanes (palabra que viene del árabe "mussulmini", el que se entrega en cuerpo y alma a Dios).

En el islamismo no hay sacerdocio profesional, y se recomienda a los seguidores que se abstengan de tomar vino. Además de la aceptación y de la recitación del credo "chahada", el devoto tiene cuatro obligaciones todavía: la oración, el ayuno durante el mes lunar de Ramadán, la repartición de limosnas y una peregrinación a la ciudad santa de la Meca, si le es posible.

Es una religión misionera. Con todo, los musulmanes no consideran a los judíos ni a los cristianos como paganos y, por lo general, les permitían antiguamente que siguieran practicando su religión cuando eran conquistados. En los siglos pasados los ejércitos musulmanes ocuparon gran parte de la India y llegaron, en una ocasión, a los alrededores de París.

El islamismo — aun cuando ahora esté tratando de rectificarlo — adoptó ciertas prácticas, tales como la *guerra*, usada como medio para extender la religión y el Estado, la *poligamia*, la *esclavitud* y la *intolerancia*.

Resumen histórico

El fundador del islamismo, según la onomástica árabe, se llamaba Abulgasim Mohammad ibn Abdullah ibn Abd al-Muttalib ibn Hashim. El nombre Mahoma viene de Mohammad y significa "altamente ensalzado". Nació en la Meca, en la actual Arabia Saudita, probablemente en el año 570 d.C. Fue hijo de un pobre mercader de la tribu Quaraych. Sus padres murieron poco después de su nacimiento, y fue criado por uno de sus abuelos y más tarde, por uno de sus tíos. Fue en su juventud pastor y guía de caravanas de comerciantes.

Mahoma se casó con Khadidja, una viuda rica bastante más vieja que él, cuando tenía veinticinco años de edad. Se estableció entonces en la Meca como próspero mercader e inició una vida contemplativa. Quince años después, en la caverna del monte *Hira*, al norte de la Meca, Mahoma dice haber tenido una visión en que le fue ordenado que predicase. Afirma haber tenido muchas otras revelaciones y visiones de ángeles y de arcángeles. Se dice que en Hira se le apareció el ángel Gabriel, el cual le dio a leer un manuscrito, y le dijo que él era el profeta enviado por Dios a los hombres.

Se cuenta también que cierta vez, en el desierto, le fue revelado a un ermitaño cristiano que Mahoma era profeta, y lo identificó por una mancha blanca en las costillas, que decía ser la marca que identificaba a los profetas. Mahoma empezó a oír voces que lo mandaban a predicar, y que le transmitían ciertas enseñanzas que fueron recogidas más tarde en el Corán.

El "llamado"

Convencido de su "llamado", Mahoma comenzó a predicar su doctrina. Los árabes lo consideran como el único profeta de Dios; y siendo posibles descendientes de Abraham a través de Ismael, hijo de Agar, opinan que el islamismo es el cumplimiento de la promesa de Dios consignada en Génesis 17:20:

> "Y en cuanto a Ismael, también te he oído, he aquí
> que te bendeciré, y te haré fructificar y multiplicar
> mucho en gran manera; doce príncipes engendrará,
> y haré de él una gran nación."

Mahoma había conseguido algunos discípulos en Medina (colonia judía allí residente). Ese nombre significa en arameo "la ciudad". De entre sus discípulos el más fiel era Abu-Bekr, compañero de todas horas. A raíz de una conspiración de los coraichitas, Mahoma huyó a Medina para salvar la vida. Llegó allá el 22 de septiembre del año 622, fecha que marca la Hégira (huida) y el inicio del calendario musulmán. Allí fue fundada oficialmente su religión.

Siguiendo una "revelación" de Alá, en el año 628 Mahoma partió a la cabeza de los musulmanes, para invadir la Meca. Después de llegar a un acuerdo con los coraichitas, entró en la ciudad, destruyó todos los ídolos de la Caaba (no confundirla con la cábala) y anunció el advenimiento de una era de paz y de prosperidad general. Transcurridos unos dos años, las personalidades de mayor proyección de la Meca ya se habían adherido al Islam.

Después de su muerte, ocurrida el 8 de junio de 632, su fiel discípulo Abu-Bekr se empeñó en la islamización de las tribus y emprendió expediciones para conquistar Siria y Persia. Abu-Bekr fue muerto en 634 y tuvo como sucesor a Omar, que gobernó durante diez años y extendió los dominios del Estado Islámico hasta la India y venció las fuerzas de Bizancio para tomar Siria y Palestina, así como Egipto y otros territorios pertenecientes al Imperio Persa. Omar fue asesinado en 644 y Othman se dedicó a redactar la versión definitiva del Corán. Gobernó hasta 655 y fue muerto por Alí, cuñado de Mahoma, que sería el cuarto de los califas electos. Después de él, la jefatura de los musulmanes se hizo hereditaria.

La expansión del islamismo

Antes de la aparición de Mahoma, los árabes vivían en tribus. Eran politeístas y no tenían gobierno centralizado. Mahoma, a través de la religión, controló toda la Arabia, y a medida que iba dominando a los pueblos mediante la guerra, les imponía también la religión musulmana. Surge entonces el Imperio Árabe, políticamente hablando. La conquista de las tierras para el Estado del Islam llegó a ser entonces el primer factor, ya que la predicación de la religión sería la consecuencia de las conquistas.

Después de la muerte de Mahoma (632), los cuatro primeros califas (sucesores de Mahoma) extendieron el Islam. La derrota del Imperio Bizantino en Damasco (635) y en Jerusalén (638), y la del Impero Persa en Nehavend (643), marcaron el inicio de esa expansión. Capturaron después a Egipto y Libia, mezclándose con los pueblos bereberes, egipcio y otros. La dinastía Omeya (661-750), sin gran preocupación religiosa, se empeñó en ocupar la Ifrikia y el Magheb, en el norte de Africa.

El general musulman Tarik, aprovechando la confusión política que había en Ceuta, atravesó el estrecho de Gibraltar y dio inicio a la conquista de España (711), que estaba bajo el dominio visigodo. El reino franco también fue invadido. La última realización de los Omeyas fue la fundación del Emirato de Córdoba en el año 756, seis años después de haberse establecido el califato Abasida.

La máxima expansión de los árabes, en el siglo XI, ya no correspondió a un imperio unido, puesto que existían califatos independientes.

En la actualidad, entre las principales zonas de influencia islámica están el Cercano Oriente, el norte de Africa, el Asia Occidental, y numerosas comunidades de las Filipinas, Indonesia y Malasia. Todavía esa influencia sigue aumentando rápidamente en los países africanos del sur del Sáhara. Es la segunda religión del mundo en tamaño, con más de quinientos millones de adeptos.

Facciones del islamismo

Antiguos debates sobre el "Califa" (sucesor de Mahoma) llevaron a escisiones dentro del islamismo. Las más importantes ocurrieron con los *sunitas*, los *chiítas* y los *kharidjitas*, que divergían en cuanto a las ceremonias y las leyes. Otros movimientos más modernos incluyeron a los *babis* y a los *wahabis*.

La literatura del islamismo

El Corán — "Al Quran" (Alcorán) — Esa palabra significa "recitaciones". Contiene las revelaciones místicas de Mahoma. Según el profeta, el Corán es inspirado por Dios.[1]

Con un total de 114 suras (capítulos) y 6.226 versículos, el Corán es un conjunto de dogmas y de preceptos morales. Y, según los musulmanes, es la única fuente de derecho, moral, administración y demás.

Es, en realidad, una mezcla de zoroastrismo, judaísmo,

budismo y confucionismo; tiene además buenas porciones del Nuevo Testamento. Todos ellos, interpretados por la fértil mente de Mahoma.

Suna — Es una colección de tradiciones (proverbios morales y anécdotas) que identifican la tradición árabe con el islamismo.

Ijma — Este establece la creencia de que la mayoría de los musulmanes no podría concordar en el error. El Corán, la Suna y el Ijma son los tres cimientos de la doctrina islámica.

Algunas doctrinas del islamismo

La Trinidad — El islamismo no acepta la doctrina cristiana de la Trinidad.[2] Cree en el Espíritu Santo como una fuerza que emana de Dios, y ve en Jesucristo tan sólo un profeta que vino después de Juan el Bautista.

Dios — El islamismo predica la unidad de Dios y también su unicidad. Alá es el mismo Dios de Abraham, que terminó su revelación en Mahoma.

Jesucristo — Mahoma es considerado "el último de los profetas", aquel que vino después de Adán, Noé, Abraham, Moisés y Jesús. Al afirmarlo, le niega a Jesús todos los atributos y conceptos que el cristianismo le da o le atribuye.[3]

El cielo — El cielo es un "super-oasis", el sueño de un pueblo que vive en el desierto. En él, los bienaventurados que siguieron los preceptos del Señor, encontrarán ríos de leche, miel y vino, y multitudes de vírgenes con ojos de gacela. La posición inferior que ocupaba la mujer en los clanes patrilineares de los beduinos, era perpetuada en el cielo.

Los soldados muertos en guerra santa, para expandir el Islam, tenían entrada garantizada en los ocho círculos del paraíso, incluso antes del juicio final. Desde allá arriba podrían oír los gritos que venían del infierno y molestar con sus burlas a los condenados.

El infierno — El infierno del islamismo nada tiene de especial. Es sólo aceite hirviente y fuego para los que no siguieron los preceptos de Alá.

La oración — Los musulmanes rezan cinco veces al día: al

amanecer, al mediodía, durante la tarde, al crepúsculo y por la noche. En las oraciones, que tienen por objetivo dar gracias y glorificar a Alá (Dios), el fiel se sienta sobre los calcañares, teniendo las manos extendidas en dirección a la Meca. La liturgia pública principal tiene lugar los viernes al mediodía, por lo general en las mezquitas (templos).

Acostumbran rezar también con el rostro en el suelo, en demostración de sumisión, respeto y adoración a Alá.

Imágenes — Los hombres, los animales, las plantas y las piedras son creaciones divinas, y por eso los hombres no deben volverlos a crear. Aun cuando entre los turcos aparecen libros musulmanes que tienen miniaturas con imágenes, la prohibición siguió vigente para los recintos religiosos, y casi siempre para el rostro de Mahoma.

La predestinación — Para los musulmanes, el hombre tiene un destino ya trazado. Cuando acontece cualquier cosa, el árabe dice: "¡Estaba escrito!" Si por una contradicción inexplicable acontece cualquier desgracia, se dice que el hombre es responsable por sus actos; fue consecuencia de esos actos.

La guerra — Se llamaba "guerra santa" toda guerra que se hacía para extender el islamismo. Tenía garantizada la entrada al cielo el que muriese en esas guerras (los musulmanes). Mahoma masacraba a los que se ponían en su camino. Cierta vez, sanguinariamente, después de masacrar a todo un ejército que había invadido Medina mientras él estaba en la Meca, enterró a cerca de seiscientos hombres en la plaza del mercado de Medina. ¡Así lo quería Alá!. . .[4]

La Caaba — En el interior de la Caaba (especie de templo pagano) había 360 ídolos: el sol, la luna, los astros, el destino, varios espíritus o ángeles, y entidades sobrenaturales relacionadas con la muerte.

Era una especie de panteón de los espíritus tribales de los beduinos. Mahoma, cuando entró en la Meca con su ejército, destruyó todos los ídolos, dejando tan sólo la gran piedra negra que, según la tradición, había sido traída del cielo por el arcángel Gabriel.

La Caaba es considerada como el centro de la tierra. La

piedra negra posiblemente sea un meteorito. Es símbolo de Alá, y se dice que originalmente estaba en el cielo.[5]

Peregrinaciones a la Caaba — Fueron aconsejadas por Mahoma (por lo menos una vez al año) y son una de las más antiguas tradiciones del pueblo árabe. Ya se hacían antes de Mahoma. Después de él, la peregrinación a la Caaba ganó nuevo significado.

Pecado original — Alá creó al mundo, al hombre y también a los ángeles. Hechos de luz y carentes de sexo, los ángeles son dirigidos por cuatro arcángeles: Jibril, Kikhail, Israfil e Israil.

Uno de los ángeles, Iblis, por haberse negado a adorar al hombre recién creado, fue expulsado del paraíso y provocó el exilio de Adán y Eva.

Así pues, el Islam desconoce el pecado original,[6] ya que el error de Adán no recayó sobre su descendencia.

Iblis comanda un ejército de demonios hechos de fuego.

Escatología — La historia humana terminará, según la escatología islámica, con el juicio final, el cual será precedido por acontecimientos terribles, como por ejemplo, la venida de personajes maléficos o propicios: El Mahdi, especie de Mesías; el Anticristo, falso mesías que aparecerá entre Irak y Siria; y Cristo, que matará al Anticristo.

Conclusión

De una u otra forma, el islamismo cree en las doctrinas del judaísmo, de las cuales una y otra vez saca ingredientes para mezclarlos con doctrinas de otras religiones. Dice Mahoma: "Yo creo en Dios, en sus ángeles, en sus libros y en sus mensajeros, en el último día, en la resurrección de los muertos, en la predestinación hecha por Dios, en el bien y en el mal, en el juicio, en la justicia, en el paraíso y en el fuego del infierno."

No queda duda de que Mahoma fue un falso profeta. A medida que iba dominando a las naciones y su propio poderío iba en aumento, las "revelaciones de Dios" mudaban de estilo y comenzaban a responder directamente a las cuestiones de la política local beduina, por lo que con bastante frecuencia estas "revelaciones" son oscuras para nosotros.

Sus enseñanzas muchas veces chocan con las enseñanzas de Jesús, quien afirmó entre otras cosas que su reino no era de este mundo. . .

> *"Porque se levantarán falsos Cristos, y falsos profetas, y harán grandes señales y prodigios, de tal manera que engañarán, si fuere posible, aun a los escogidos"* (Mateo 24:24).

---

[1] 2 Corintios 11:4.
[2] 1 Juan 4:8-10.
[3] Gálatas 4:4; Efesios 4:13; Colosenses 2:9.
[4] Mateo 5:21, 22.
[5] Caaba era inicialmente el nombre de la piedra que se encuentra en la mezquita de la Meca. Ese nombre, por extensión, pasó a denominar el propio templo.
[6] Romanos 5:12; 8:3; Hebreos 10:17.

10
Los rosacruces

A quien estudia el culto rosacruz se le presenta de entrada una gran dificultad, y es el hecho de que varias organizaciones pretenden ser la única secta rosacruz verdadera.

Hoy en día, por ejemplo, hay dos organizaciones: Una llamada *Orden de los Rosacruces* (Antigua y Mística Orden Rosae Crucis); y la otra, *Sociedad de los Rosacruces*. Cada cual pretende poseer la verdad, en detrimento de la otra.

Además de esto, existen muchas divergencias en cuanto al origen verdadero de esta secta. Aun cuando muchos historiadores rosacruces sitúen el origen de este culto en la época de los faraones egipcios, antes del nacimiento de Cristo, los primeros vestigios concretos de la que fue posteriormente denominada Fraternidad Rosacruz, se encuentran en Europa en 1597. En aquel año, un alquimista recorrió Europa, tratando de crear una sociedad dedicada a las investigaciones de la alquimia. Se sabe muy poco acerca de este hombre, pero se le atribuye la paternidad de un libro que contiene la primera constitución rosacruz.

En 1614 se publicó otro libro titulado "La reforma general del mundo". Esta obra incluía la historia de la orden.

Recuento histórico

Según el libro "La reforma general del mundo", un adolescente que se llamaba *Christianus Rosenkreuz* fue enviado a un monasterio para aprender el griego y el latín. A los 16 años un monje lo llevó a una peregrinación a la Tierra Santa. El monje murió durante el viaje en Chipre, y Rosenkreuz se quedó solo. Entonces viajó a la Arabia y anduvo por Egipto, donde estudió con los sacerdotes. Regresó a Europa con la intención de utilizar sus conocimientos para fundar la orden.

Como no consiguió nada en Europa, Rosenkreuz regresó a Alemania. Allí reunió lentamente algunos discípulos. Según consta, murió a la edad de 150 años. Las personas de la época decían que no murió porque tuviese que morir, ¡sino porque quiso!. . .

En 1604 sus discípulos abrieron su sepultura y encontraron en el interior inscripciones extrañas y un manuscrito de letras doradas. Con el pasar de los años, la organización se fue haciendo cada vez más secreta. ¡Podían invocar espíritus y afirmaban poseer el don de la invisibilidad! Eran habilidosos en encontrar piedras preciosas, y la finalidad oficial de la Orden era redescubrir los secretos de la ciencia, sobre todo los de la medicina.

Se dice que cien años después de su fundación, la Orden de los Rosacruces sufrió muchas persecuciones de parte de los masones, lo que dio por resultado la introducción de muchos usos y costumbres masónicos en la Orden.

Los rosacruces tienen actualmente cerca de cien templos en el mundo entero. En los Estados Unidos el movimiento tiene dos ramas. La mayor y más poderosa es la *Orden de los Rosacruces* (Antigua y Mística Orden Rosae Crucis — AMORC), cuya sede, el Templo Supremo de la América del Norte y del Sur, está situada en el Parque Rosacruz, en San José, California.[1] Sus revistas, *Rosacrucian Digest* y *Rosacrucian Forum*, tiran dos millones de ejemplares, e insisten mucho sobre el tema de la fraternidad universal. Esta organización cuenta con más de cincuenta mil miembros, y se opone firmemente a la otra secta norteamericana, la *Sociedad Rosacruz*,[2] a la que considera un movimiento disidente.

Max Heindel

La Sociedad Rosacruz fue fundada por Max Heindel, que se dedicó desde joven al estudio del ocultismo. Se dice que durante un trance místico recibió autorización de un maestro anónimo para escribir sus opiniones acerca de las enseñanzas de Rudolp Steiner, gran estudioso de la historia y de los principios rosacruces, que había sido su profesor en Europa.

Max Heindel afirma haber recibido, mediante prácticas

psico-espiritistas, no solo los principios, sino también las doctrinas contenidas en sus obras. En 1911 fundó una pequeña imprenta en el sur de California y publicó allí una serie de libros y opiniones personales sobre el movimiento rosacruz. Su actividad quedó limitada a los escritos. No obstante, después de su muerte su viuda prosiguió su obra, enviando publicaciones a todas partes del mundo.

Los principales movimientos de la Orden, considerados en su conjunto, cuentan con cerca de cien mil adeptos y, gracias a las diversas publicaciones y propagandas, se los puede considerar una fuerza poderosa en el mundo actual. Según la opinión de los que se dedican a estudiar este asunto, el movimiento rosacruz es uno de los que más crecen en el mundo.

Existe en Alemania la *Fraternidad Germánica de los Rosacruces*, que dice ser la única y auténtica fraternidad rosacruz, y no reconoce las obras de Max Heindel.

La AMORC

La AMORC, como las demás ramificaciones de los rosacruces, se considera la continuación de una sociedad que tendría su nacimiento en una escuela de misterio, de sabiduría secreta, en el antiguo Egipto, durante la XVIII Dinastía, o en el reinado del Faraón Amenhotep IV, alrededor de 1350 a.C.[3]

Según esa organización, Francis Bacon es reconocido como autor de folletos sobre la Fama Fraternitatis Rosae Crucis en 1610, y sobre la Confessio R.·.C.·. Fraternitatis en 1615: primeras publicaciones rosacruces en aparecer con la propagación de la imprenta.

La finalidad de esa institución, según sus publicaciones, puede ser entendida en la observancia de los siguientes aspectos:

— Descubrir los misterios del ser.
— La dualidad del Yo.
— El conocimiento intuitivo.
— El conocimiento de las leyes de la naturaleza.
— El conocimiento más allá de los cinco sentidos.
— La conciencia cósmica.
— Una existencia más plena.

Ese es, naturalmente, el punto de partida. De ahí el neófito, que es ganado para el grupo mayormente mediante propaganda por correspondencia, se va metiendo en el camino del misticismo y de experiencias que se dicen milagrosas.

Los rosacruces se pierden en especulaciones filosóficas, se embrollan en estudios metafísicos y se enmarañan en asuntos de orden religioso. Lo que dicen acerca de asuntos como la cruz, los mundos, la evolución del hombre, la evolución universal y otros, pasa completamente por alto las verdades enunciadas en la Biblia, la Palabra de Dios. Basta con pasar una pequeña "ojeada" sobre sus enseñanzas para descubrir cuán falsas son. De lo que se trata, en realidad, es de una empresa muy bien montada, amparada por una gran propaganda, con la intención de vender libros y cursos, además de mantener un cuadro enorme de "asociados" que contribuyen mensualmente para la Orden.

La doctrina rosacruz y la Biblia*

Jesús[4] — "Fue un espíritu perteneciente a la evolución humana, como también lo fue Gautama Buddha. El espíritu de Cristo que entró en el cuerpo de Jesús, era un rayo del Cristo Cósmico. Jesús tuvo varias encarnaciones."

La Trinidad[5] — "El Padre es el Iniciado más elevado entre la humanidad del Período Saturnino. Los hombres de la humanidad común de ese período son ahora los señores de las mentes."

"El Hijo (Cristo) es el Iniciado más elevado del Período Solar. Los hombres de la humanidad de ese período son ahora los arcángeles."

"El Espíritu Santo (Jehová) es el Iniciado más elevado del Período Lunar. Los hombres de la humanidad común de ese período son ahora los ángeles."

El Espíritu Santo[6] — "Es necesario que todos los seres, ya sean elevados o bajos en la escala de la existencia, tengan vehículos de expresión para usarlos en cualquier mundo en que quieran manifestarse. Así también los Siete Espíritus que están ante el Trono, han de tener esos vehículos esenciales que, como es natural, son diferentemente condicionados para cada uno de ellos. Colectivamente, ellos son Dios y constituyen la Divinidad Tri-una, y El se manifiesta de manera diferente a través de cada uno de ellos."

Divinidad del hombre[7] — "Hay un progreso interminable, pues somos divinos como nuestro Padre del cielo, y no puede haber limitaciones."

Panteísmo[8] — "Podríamos preguntar: ¿Qué queréis decir por naturaleza? Bacon dice que Dios y la naturaleza difieren tan sólo como la impresión difiere del sello. . ."

Paternidad[9] — "Si no hay un Ego que busque su entrada en un cuerpo a través de los cónyuges, sus esfuerzos serán sin fruto. . . Sabemos que si mezclamos hidrógeno con oxígeno en determinadas proporciones, siempre conseguiremos agua; sabemos que el agua se escurrirá siempre colina abajo; y así todas las leyes de la naturaleza son invariables, de manera que, si no hubiera otro factor fuera de la mezcla química del semen y el óvulo, habría siempre un desenlace. Y ese factor desconocido e invisible es el Ego reencarnador que va a donde le está marcado, y sin eso no puede haber prole. Si el investigador ora fervorosamente al ángel Gabriel, que es el embajador del Regente de la Luna en la Tierra y, por lo tanto, un factor primordial en la generación de cuerpos (vea la Biblia), puede que le valga para lograr el resultado deseado.

La mejor hora es el lunes al salir el sol, y de la luna nueva hasta la llena."

Oración[10] — "*Santificado sea tu nombre:* oración del espíritu humano al Espíritu Santo para el cuerpo del deseado. *Venga tu reino:* oración del Espíritu vital al Hijo para el cuerpo vital."

La creación — "En el principio de un día de Manifestación, un cierto Gran Ser (sólo en el mundo occidental lo llaman Dios) se limita a una determinada porción del espacio, en el cual El resuelve crear un Sistema Solar para la evolución de la conciencia adicional de los sentidos. Todo comienza con la *Substancia Radical Cósmica,* que es una expresión del polo negativo del Espíritu Universal, mientras que el Gran Ser Creador, que nosotros llamamos Dios (del cual nosotros, en nuestro carácter de espíritus, formamos parte) es una expresión de la energía positiva del mismo espíritu Absoluto

Universal. De la operación del uno sobre el otro resultó todo lo que vemos alrededor de nosotros.

"Ahora bien, hay siete mundos, no separados por espacio o por distancia (como acontece con la Tierra respecto a los otros planetas), y sí por la velocidad de oscilación... Pero cada mundo, al igual que el hombre, pasa por siete períodos de renacimiento. Los nombres de los siete períodos son los siguientes:

1. Período de Saturno.
2. Período solar.
3. Período lunar.
4. Período terrestre.
5. Período de Júpiter.
6. Período de Venus.
7. Período de Vulcano.

"Esos nombres nada tienen que ver con nuestros planetas; son tan sólo los nombres rosacrucianos de los sucesivos renacimientos de nuestra tierra.

"Los períodos de renacimiento son el acceso a la divinidad. Cuando haya pasado por estos períodos, el hombre será igual a Dios. "Adquirió fuerza de alma y mente creadora como resultado de su peregrinación a través de la materia. Avanzó de la impotencia a la Omnipotencia; de la necedad a la Omnisciencia."

Como podemos observar, aun cuando los rosacruces afirman que sus creencias no son una religión, sus enseñanzas nos prueban lo contrario. Sus doctrinas chocan frontalmente con la Biblia, la cual tienen todavía la osadía de mandar a consultar para ratificar algunas de sus enseñanzas.

Como en la mayoría de los casos del espiritismo, los rosacruces creen en la evolución del espíritu hasta llegar a la divinidad. Es un absurdo. No existe literalmente nada que este grupo no sepa y explique. Los rosacruces se creen los dueños de la verdad y, por más sabio que sea el hombre, si no se afina con el diapasón de ellos, está tan sólo "comenzando".

Anhelan, en fin de cuentas, ser Dios. Sabemos la historia de un ángel que tuvo la misma intención. Vea Ezequiel 28.

Los verdaderos cristianos se contentan con ser siervos de Dios en el presente, y tienen la grande esperanza de servirle en la vida eterna. Vea Mateo 5:12.

---

[1] El dominio de la vida.
[2] Actualmente está dirigida por la viuda de Max Heindel, apóstol del rosacrucianismo moderno, que distribuye las reimpresiones de los libros de su marido e innumerables panfletos y cursos por correspondencia.
[3] El dominio de la vida.
*Fuentes: The Rosicrucian Philosophy — Max Heindel; The Cosmo-Conception or Mystic Cristianity — Max Heindel; The Mystical Interpretation of Christmas — Max Heindel; Las sociedades secretas — Clayton Matthews; El caos de las sectas — Van Baalen.
[4] Mateo 24:23; Juan 3:16; 2 Corintios 5:19; Colosenses 3:11; 1 Juan 2:22.
[5] Mateo 28:19; 1 Corintios 12:4-6; Efesios 2:18; Apocalipsis 1:4, 5.
[6] Isaías 4:4; Lucas 11:13; Juan 14:17; 1 Pedro 4:14.
[7] Job 9:2; Mateo 19:26; Hechos 5:38; Efesios 4:24; 2 Timoteo 3:13; Hebreos 9:27.
[8] Isaías 6:3; Mateo 11:24; 16:16; Juan 4:8; 1 Timoteo 1:17.
[9] Mateo 11:25; 28:19; Juan 1:14; Hechos 1:4; Romanos 6:4; Hebreos 12:9.
[10] Salmo 18:41; 141:2; Juan 16:23, 24; Hechos 6:4; Hebreos 10:22.

11
La masonería

Básicamente, la masonería es una sociedad secreta de fines filantrópicos y humanitarios, que tiene una filosofía religiosa semejante al deísmo inglés de comienzos del siglo XVIII.

Con todo, la masonería ya se ha dividido sobremanera, de tal forma que no existe hoy día un patrón masónico que pueda ser aplicado a todas sus divisiones. Por consiguiente, es lógico que la definición de lo que es la masonería, dependa del país en el cual es practicada; de la filosofía propia de cada una de sus divisiones, y además, de los conceptos que se le atribuyan.

¿Una religión falsa?

A pesar de que algunos masones insisten en afirmar que la masonería no es una religión, las más altas autoridades masónicas del mundo se han referido a ella como tal. Del Diccionario de Masonería sacamos la siguiente definición, que nos expone claramente su aspecto religioso:

> "Es un sistema sacramental que, como todo sacramento, tiene un aspecto externo y visible, que consiste en su ceremonial, doctrinas y símbolos, y otro aspecto interno, mental y espiritual, oculto bajo las ceremonias, doctrinas y símbolos, sólo accesible al masón que haya aprendido a usar la imaginación espiritual y sea capaz de apreciar la realidad velada por el símbolo externo" (Wilmshurst, The Meaning of Masonry).

La masonería no es una iglesia; mientras que en su aspecto religioso innegable e indiscutible es un culto. Exige de los candidatos la creencia en Dios y en la inmortalidad del alma, lo que incluye la existencia futura. A Dios lo llama "el Gran Arquitecto del Universo", y el culto que se le tributa consiste principalmente en *las buenas obras*, mediante las cuales se espera obtener la salvación. Sus adeptos tienen en mira alcanzar un patrón moral que esté por encima del de las demás personas, y creen que ese patrón les garantizará las condiciones necesarias para habitar en la Gloria.

Analizando la masonería a la luz de las Sagradas Escrituras, se llega a la conclusión de que es anticristiana, deísta y racionalista, y que se encuadra perfectamente en el marco de las religiones y sectas falsas. Procuraremos hacer patente en este pequeño esfuerzo, la incompatibilidad que hay entre el cristianismo bíblico y esta sociedad secreta.

Recuento histórico

La masonería surgió a mediados del siglo XVII, cuando las asociaciones de albañiles libres de Inglaterra dejaron de ser simples asociaciones profesionales, para admitir como miembros honorarios a gente de la nobleza, del clero anglicano y otras profesiones liberales. En 1717 fue fundada la Gran Logia de Londres, por el reverendo anglicano James Anderson y por el hugonote refugiado Jean Théophile Desaguliers. Sus principios fundamentales, al inicio fueron: tolerancia religiosa; fe en el progreso de la humanidad; fe en Dios; cierto racionalismo que excluye las formas exteriores de la religión organizada como iglesia; aversión contra el sacerdocio oficial, contra la fe en los milagros y otros.

Esa organización social de los albañiles[1] libres dio origen, inmediatamente después, a cerca de 1700 *logias* u *oficinas*, como son llamados los locales de reunión de la masonería. En 1730 los ingleses introdujeron las logias en los Estados Unidos. En ese país se encuentra el mayor número de masones del mundo entero.

¿Salomón fue masón?

Es muy discutido el origen de la masonería. Algunos autores lo sitúan en los comienzos de la antigüedad oriental; otros admiten que su fundador fue Hiram Abif, arquitecto del templo de Salomón, que había sido masón; otros más dicen que se deriva de corporaciones de operarios creados por *Numa*, en el 715 a.C. Cierto autor masón afirmó que Jesús usó muchas enseñanzas masónicas en su doctrina, y que el origen de la masonería se pierde en la noche de los tiempos. . .

En Brasil la masonería tuvo su inicio en los tiempos del Imperio, y afirma haber influido grandemente en la historia de esa nación, principalmente en su independencia. Muchos personajes históricos de la vida nacional de Brasil tuvieron su nombre ligado, de una u otra forma, a la masonería.

La tradición impide el ingreso de mujeres. Con todo, los masones afirman que nada acontece allá adentro que la mujer no pueda saber o conocer, y que esa prohibición es puramente tradicional. Ya existe en todo el mundo, y especialmente en los Estados Unidos, la masonería femenina, organizada en los mismos patrones de la masonería tradicional.

El verdadero origen de la masonería está, como ya lo hemos visto, en la socialización de los albañiles libres de Inglaterra; lo demás es leyenda y fantasía.

Los secretos masónicos

Mucha leyenda y superstición giran en torno a la masonería. Los masones no se preocupan en deshacerlas, pues les agrada ser vistos por los menos esclarecidos como personas misteriosas, superdotadas, anormales, diabólicas, o cosas por el estilo. Se ríen de los que presentan como misteriosa la vida de ellos, y se divierten con la "ignorancia" de los *profanos* (apelativo que le dan al que no es masón).

Los "secretos masónicos" constan de símbolos, alegorías, ritos, ceremonias, señales de identificación, doctrinas filosóficas o dogmas religiosos que ya han sido ocasionalmente revelados. El mayor secreto del cual el neófilo llega a enterarse al entrar en la masonería, es el hecho de saber que, en realidad, no se parece en nada a lo que se imaginaba.

Los "altos secretos", hablando en general, son ritos, dogmas y misterios sacados del judaísmo y del paganismo babilonio y egipcio, y que, mezclados en el calderón masónico, dan un caldo semejante al que es ingerido por las sociedades espiritualistas.

La masonería, para defenderse, puede afirmar que fuera de ella hay también secretismo. Con todo es bueno recordar que hay diferencia entre un asunto secreto y uno privado. En una familia, en una firma o en una iglesia, pueden haber asuntos privados, que cambian o desaparecen. Pero en la masonería, éstos son secretos y firmes.

En la Iglesia Evangélica no hay nada oculto. Todo se hace a la vista de todos, y sus reuniones privadas no tienen nada de esotéricas, pues tal cosa choca con las enseñanzas de la Palabra de Dios.[2]

La estructura de la masonería

La masonería está organizada en ritos, y éstos se dividen en grados. El rito escocés tiene 33 grados, equivalentes a los 10 grados del rito de York. Cada grado pretende enseñar una moral determinada. Los grados 1 al 3 son los mismos en los dos ritos. Al llegar al grado 3, el masón tiene que escoger entre el rito Escocés y el rito de York, si aspira subir la escala jerárquica.

El rito escocés tiene 33 grados, a los cuales se los conoce por números o por títulos. A los grados del rito de York se los conoce tan sólo por sus títulos.

— *Los juramentos:* Para cada grado de la masonería hay un juramento específico. Muchas veces los masones confunden sus juramentos con las promesas evangélicas. ¡La realidad es que el masón jura no revelar cosas que todavía no conoce!

— *El ritual de iniciación:* Para el primer grado (aprendiz) se le pone una venda en los ojos, y con vestimentas especiales se lo conduce a la puerta del templo, donde él afirma que es un profano que se está allegando a la luz de la masonería. ¿Puede un creyente fiel hacer tal afirmación sin contradecir la Palabra de Dios? Y así, en forma semejante, se suceden los rituales para cada grado. . .

— *Los símbolos:* Se usan mucho los instrumentos del albañil y del arquitecto, así como los que usaban los sacerdotes del Antiguo Testamento. El *delta* — triángulo que tiene en el centro un ojo que representa todos los atributos de la divinidad — se encuentra encima del trono del venerable Maestro, entre el Sol y la Luna, que representan las fuerzas del sumo Creador. La escuadra representa la moralidad; el nivel, la igualdad y la plomada, la rectitud.

— *El culto:* El segundo código masónico dice que el verdadero culto a Dios consiste en las buenas obras. En el ritual empleado para el candidato a Maestro Masón (grado 3º), el Venerable abre y cierra el trabajo en nombre de Dios y de un patrono, digamos, "San Juan de Escocia". El absurdo es evidente.

— *Las oraciones:* Hacen oraciones; con todo, no las hacen en el nombre de Jesús, como lo enseña la Biblia, ni tampoco lo mencionan a El. (Vea Juan 14:13 ss.)

— *Ceremonias fúnebres:* En los funerales hay una ceremonia en la Logia, sin la presencia del cuerpo del fallecido; otra, en una iglesia o en una residencia; y otra, en el cementerio. En todas ellas se enfatiza la salvación por las obras y se afirma que el fallecido está pasando de la Logia terrestre a la Logia celestial. Lógicamente, esta manera de hablar se fundamenta en que la masonería cree que su adepto está salvo: una salvación sin Cristo y sin su sangre expiatoria. (Véase Juan 19:1-9.)

Por qué no puede un verdadero cristiano ser masón

1. La masonería enseña que las buenas obras pueden llevar al individuo a alcanzar un patrón tan elevado de moralidad, pureza y justicia que, al morir, ingresa en la Logia celestial. Eso está en contradicción con la Palabra de Dios, que enseña la salvación por gracia, por medio de la fe (Efesios 2:5-8).

2. La masonería exige que se jure guardar secretos que aún no se conocen previamente. Tal procedimiento puede llevar al adepto a desmerecer la soberanía moral del Señor en ocasiones que la masonería así se lo exija.

   El secreto masónico hace del adepto un elemento acorralado y sin condiciones de esclarecer determinadas situaciones. (Vea lo que dice la Biblia en Mateo 5:14-16.)

3. El secreto masónico se opone al plan divino. Las sociedades secretas se caracterizan por su origen pagano y son

incompatibles con la Palabra de Cristo y con el carácter del cristianismo.

4. La masonería llama a Dios "el Gran Arquitecto del Universo". No obstante, parece que el "dios" de la masonería es un dios diferente del de la Biblia. Veamos:

— La masonería no cree en la Trinidad (1 Juan 2:23.)

— Admite que puede llevar a cualquiera a la Logia celestial, con tal que sea masón y practique las buenas obras. (1 Juan 2:23.)

— Acepta cualquier nombre para Dios: Alá, Brahma, Buda, Krishna, Zumbi o cualquier otro nombre. Todos son identificados con Jehová. De esa manera, la masonería practica el deísmo, que es una filosofía herética. (Deuteronomio 6:14, 15.)

5. La masonería es una sociedad en la cual existen símbolos, ritos, dogmas y misterios oriundos del judaísmo y del paganismo egipcio y babilonio. Se usan ceremonias y objetos bíblicos con finalidades diferentes, según el gusto masónico y no según lo que indican las Sagradas Escrituras.

El Dios de la Biblia sigue siendo "El Dios Celoso" que no consiente ser representado por imágenes ni concepciones falsas, que le son abominables. Solamente Jesucristo es una representación digna de Dios. El es su expresión tangible (Hebreos 1:3).

6. Con respecto al Señor Jesucristo en su período de vida comprendido entre sus 12 años y sus 30 años de edad, dice la masonería simbólica que en los archivos conservados religiosamente por los monjes del Tibet en el Himalaya, a los cuales les fueron confiadas tradiciones y documentos de la masonería egipcia, consta que Jesús permaneció durante años con los monjes del Tibet, y era conocido allí con el nombre de Profeta Issa.

Al salir del convento, Jesús habría comenzado a predicar todo aquello que aprendió con los "venerables monjes". Dentro de las enseñanzas de Jesús, lo que existe en realidad, son fragmentos de la doctrina masónica.

Aunque la Biblia no describa la vida de Jesús durante ese período, que es una cosa sin importancia, pues su ministerio se desarrolló a partir de sus treinta años, cuando se llegaba a la mayoría de edad judaica, en el libro de Marcos, capítulo 6, versículo 3, vemos que en los inicios de su ministerio, a El lo conocían como "el carpintero". Si El hubiera salido del convento, habrían dicho: "¿No es éste el monje; o el sacerdote; o una cosa parecida? Ademáa, por las palabras de sus amigos, que se encuentran no tan sólo en este texto, se puede deducir sin esfuerzo alguno, que El pasó su mocedad ejerciendo el oficio de José, su padre.

No puede ser masón un verdadero cristiano; puesto que creencias como ésta deben causar repudio al verdadero siervo del Señor. Juzguen los lectores, con la Biblia en la mano y la conciencia vuelta hacia Dios, si tal cosa puede acontecer...

---

[1] La palabra masón viene del francés y significa "albañil" en su etimología.
[2] Levítico 5:4; Deuteronomio 29:29; Mateo 5:14-16; Juan 18:20; Efesios 5:11-13.

12
El espiritismo

Se han escrito libros y libros sobre el espiritismo en sus diversos aspectos. Hay obras sobre la historia, doctrinas y refutaciones bíblicas en lo que se refiere a esa secta-religión que, según las denominaciones que recibe, muestra las manifestaciones de Satanás en medio de "su pueblo".

La palabra espíritu viene del latín "spiritus", cuyo equivalente griego es "pneuma" (respiro, soplo, exalación, soplo vital, espíritu). El sufijo griego "ismós" indica doctrina filosófica, religiosa, etc. De ahí tenemos el término *espiritismo*.

La doctrina espiritista universal se resume en cinco puntos básicos, que sirven de punto de partida para sus demás doctrinas:

1. *Existencia de Dios* — Inteligencia cósmica responsable de la creación y del sustentamiento del Universo.
2. *Existencia del espíritu (o alma)* — Se halla envuelto por el periespíritu, que conserva hasta la memoria después de la muerte y asegura la identidad individual de cada persona.
3. *Ley de la reencarnación* — Por la cual, todas las criaturas van evolucionando sucesivamente en el plano intelectual y moral, ya que expían los errores del pasado.
4. *Ley de la pluralidad de los mundos* — La existencia de varios planos habitados, que ofrecen un ámbito universal para la evolución del espíritu.
5. *Ley del carma (o causalidad moral)* — Por la cual se entrelazan las vidas sucesivas del espíritu, dándosele un destino acorde a sus acciones anteriores.

Recuento histórico

La primera sesión espiritista tuvo lugar en el Edén, donde la serpiente sirvió de médium, Satanás de guía y Eva de asistente. Hasta el día de hoy, las sesiones espiritistas se celebran con esos elementos: los mediums, los demonios o guías y los asistentes.[1]

El espiritismo empezó a ser practicado desde la caída del hombre en el Edén. En determinadas épocas con más intensidad que en otras, pero el diablo nunca ha dejado al hombre, su fiel "caballo".

Es claro que, no pudiendo estar en comunión con Dios y con los ángeles por haber sido lanzado del cielo, ni con los hombres, por tener éstos un cuerpo físico, el diablo y sus ángeles sólo pueden vivir en el espacio que se encuentra entre el cielo y la tierra.

Como le es imposible a Satanás tener comunión con Dios, el astuto ángel caído, juntamente con sus seguidores, procura habitar entre los hombres, y lo hace a través de encarnaciones mediúmnicas, apoyos, o usando otros métodos, como "protegiendo", "ayudando", etc.

Estos seres quieren tener el poder de la expresión, de ahí que se valgan preferiblemente del hombre, cuyas facultades usan para llevarlo, aunque sea de manera encubierta, a la separación de Dios y a la destrucción. Son enemigos de Dios, rebeldes, y predestinados al lago de fuego, a donde no quieren ir solos.[2]

Entre los cananeos y los egipcios era común la práctica de la hechicería.[3] Los griegos tenían la costumbre de consultar oráculos. Pitágoras, que vivió del 580 al 500 a.C., creía en la transmigración de las almas (metempsícosis). Entre otras afirmaciones de Pitágoras, encontramos la que dice que los astros son dioses.

Entre los romanos era muy común la práctica de consultar a los muertos. Las sibilas, legendarias sacerdotisas de Apolo, habitaban en Sicilia y también eran mediums que adivinaban o predecían el futuro. El propio general Alejandro Magno consultó una de esas sacerdotisas antes de partir a la guerra para la conquista del mundo conocido.

En la Edad Media hubo una verdadera plaga de hechiceros, brujas, endemoniados famosos, etc. La Iglesia Católica quemó a centenares de ellos en las hogueras de la Inquisición.

El espiritismo moderno

El espiritismo moderno es el desarrollo de las prácticas espiritistas antiguas. Franz Anton Mesmer, médico alemán — una curiosa mezcla de genio, investigador y charlatán — asombró a Europa con sus prodigios en la práctica del espiritismo y del hipnotismo. Consideraba que los astros eran responsables por las enfermedades, y comenzó sus experimentos en 1774.

Swedemborg, contemporáneo de Mesmer, era un filósofo místico que decía haber recibido de Dios poder para explicar las Escrituras (al igual que Allan Kardec) y para comunicarse con el otro mundo.

Las americanas Magie y Katie Fox fueron las que dieron inicio definitivo al espiritismo moderno en el año 1848 en Hydesville, estado de Nueva York. El espíritu de Charles Rosna, asesinado a la edad de treinta y un años, comenzó a comunicarse con esas hermanas a través de chasquidos de dedos y de golpeteos. Porciones de esqueleto humano fueron encontradas realmente en el sótano, lo que dio al hecho una divulgación tan grande, que atrajo a personas de todas las capas sociales. Según todos los indicios, más tarde las hermanas Fox deshicieron las creencias que habían difundido, contando sus fraudes.

Las prácticas espiritistas eran llamadas antiguamente, como lo podemos notar en las páginas de las Escrituras, *nigromancia o magia*. Los que la practicaban eran los magos, pitonisas, adivinos, brujas, hechiceros, etc. Y sus centros, tiendas o locales se llamaban *oráculos, cavernas o antros*.

Hoy en día, de acuerdo con la rama a que pertenecen, sus nombres son diversos. Desde el vudú hasta el "alto espiritismo", su esencia es la misma. A través de los tiempos han sido reductos del espiritismo, lugares como la China, la India, el Tibet, Haití, Africa, el Brasil y los pueblos indígenas en general. El Brasil es hoy en día el líder mundial del espiritismo, que tiene su foco principal en el estado de Río de Janeiro. En una estadística publicada en una revista brasileña, se afirmaba que el 70% de los brasileños que se llaman católicos frecuentan centros espiritistas.

Para efectos de estudio, podemos dividir el espiritismo de la forma siguiente:
— Espiritismo común.
— Bajo espiritismo.
— Espiritismo científico.
— Espiritismo kardecista.

Espiritismo común — Quiromancia, cartomancia, grafología (una de sus ramas), hidromancia, astrología, etc.

Bajo espiritismo — Espiritismo pagano, inculto, sin disfraz. . . Encontramos en esa clasificación: el vudú, el candomblé, la ubanda, la quimbanda, la macumba (sin formas ni doctrinas), y otras manifestaciones.

Espiritismo científico — Es llamado también alto espiritismo, espiritismo ortodoxo, espiritismo profesional y espiritualismo.

Encontramos aquí inclusive "sociedades" que se dicen filosóficas, teológicas, científicas o benefactoras. Reciben nombres bonitos que apelan, en la mayoría de los casos, al intelecto. Por lo general, sus doctrinas difieren de las de Allan Kardec.

El eclecticismo, el esoterismo, LBV, el teosofismo, el rosacrucianismo y otros "-ismos" que formarían parte de una lista inmensa que podríamos hacer, también encuadran en esa clasificación.

Espiritismo kardecista — El espiritismo practicado en el Brasil tiene como base las obras de Allan Kardec, el codificador de las creencias espiritistas.

Hippolyte Léon Denizard Rivail (1804-1869) tomó el seudónimo de Allan Kardec, porque creía que él era la reencarnación de un poeta celta de ese nombre. Comenzó su movimiento el 30 de abril de 1856, en Francia, donde — después de abandonar la medicina y la Iglesia Católica — se dedicó a escribir las obras que lo convirtieron en la figura principal del espiritismo moderno. Entre otros libros, escribió: El evangelio según el espiritismo, El libro de los médiums, El cielo y el infierno, y Génesis.

De una forma o de otra, el espiritismo se ha esparcido por

todo el mundo y se está volviendo en una amenaza terrible para la humanidad. Felizmente, Dios ha levantado en estos últimos tiempos a su pueblo para luchar contra las embestidas satánicas.

Principales tesis del espiritismo latinoamericano

1. Posibilidad y conveniencia de tener comunicaciones con entidades espirituales desencarnadas.
2. Creencia en la reencarnación.
3. Creencia en la pluralidad de los mundos habitados. La tierra es considerada como un planeta de expiación. Sus habitantes son espíritus exiliados de otro planeta, que Francisco Cændido Xavier llama de *Cabra* o *Capela*.[4]
5. No hay distinción entre lo natural y lo sobrenatural, ni entre religión y ciencia. No hay gracia. El progreso relativo de los individuos depende exclusivamente del mérito personal acumulado en esta encarnación y en encarnaciones posteriores.
6. La caridad es la virtud principal; tal vez la única. Se aplica tanto a los vivos como a los muertos (a los desencarnados).
7. Dios, aunque existente, se encuentra demasiado lejos y se pierde en la distancia inconmensurable de un punto espiritual que mal podemos vislumbrar.
8. Más próximos están los "guías" (espíritus que se incorporan en los médiums), que son importantes en el culto espiritista, y que nos ayudan por amor. También existen los malos, y por éstos los vivos tienen que ejercitar la caridad.
9. Jesucristo es considerado como la gran entidad encarnada, la mayor que haya aparecido en el mundo. El Evangelio fue reinterpretado según el espiritismo, en el famoso libro de Allan Kardec: El Evangelio según el espiritismo.

Algunas doctrinas espiritistas

Posibilidad de comunicación de los espíritus de los muertos con los vivos — Dios en su Palabra prohíbe explícitamente tal práctica,[5] por ser engañosa. En realidad, son los demonios los que se hacen pasar por personas muertas. La Biblia declara que "está establecido para los hombres que mueran una sola vez, y después de esto el juicio" (Hebreos 9:27).

La reencarnación — Clasifican a los espíritus, de un modo general, en cuatro categorías: *imperfectos, buenos, superiores y puros.* Esa doctrina anula la idea de salvación e invalida la obra de redención del pecador mediante la muerte de nuestro Señor y Salvador Jesucristo.[6]

Salvación — Creen que se perfeccionan a sí mismos por la evolución espiritual que se alcanza a través del sufrimiento y por la práctica de las buenas obras. La Biblia nos muestra que la salvación es alcanzada sólo mediante la fe en Jesucristo como Salvador, y nunca a través de méritos.[7]

Existencia de diferentes mundos — Para que sirvan de habitación a los espíritus que se encuentran en los varios estadios de su evolución espiritual. Usan Juan 14:2, donde Jesús dice que en la casa del Padre hay muchas moradas, como base bíblica para esa doctrina.

La expresión de Jesús cuando habla de "muchas moradas", muestra la amplitud del reino de Dios, y no unas divisiones del universo en compartimentos, como pretenden hacerlo aparecer.[8]

Fuera de la caridad no hay salvación — En Efesios 2:8, 9 encontramos: "Porque por gracia sois salvos por medio de la fe; y esto no de vosotros, pues es don de Dios; no por obras, para que nadie se gloríe."

En el versículo siguiente (10), Pablo aclara que las buenas obras son consecuencia de la vida del que es salvo por Cristo, y no causa de su salvación.

Dios existe, pero está demasiado lejos — Y sólo se manifiesta por medio de intermediarios: los "guías". La Biblia entera enseña que Dios nos busca, quiere tener comunión con nosotros y nos es completamente accesible.[9]

Jesús es un hombre que alcanzó gran desarrollo espiritual — Una de las grandes preocupaciones del diablo es tratar de probarle al hombre que Cristo no es Dios. El espiritismo no podría dejar de adoptar esa satánica enseñanza.

De que Jesús es Dios, de ello no hay duda. Los libros de

teología están presentes — si es que no bastan los hechos — para enseñarnos; además, la Biblia nos proporciona gran cantidad de referencias al respecto.[10]

El espiritismo se considera "la tercera revelación", y pretende ser el Espíritu Santo prometido por Jesús. Afirma que la primera revelación vino a través de Moisés; la segunda, a través de Jesús; siendo la tercera el espiritismo, que complementa la segunda. Los lectores recordarán que Joseph Smith apareció también con la misma historia acerca del libro de Mormón. La Biblia no concuerda con tales afirmaciones.[11]

Niega la existencia del cielo, el infierno, la condenación eterna y, sobre todo, la existencia del diablo. En otras palabra, una de las mayores preocupaciones del diablo es tratar de probarle a la humanidad que él no existe. Si llegara a esto, podría hacer lo que bien le pareciera y pasar inadvertido. Es una gran idea. . . Vea lo que la Biblia dice acerca de estas cosas:

— *Existencia del cielo:* Lucas 23:43; Mateo 5:12; Filipenses 3:20; Colosenses 1:5; Apocalipsis 21 y 22.
— *Existencia del infierno:* Mateo 5:29, 30; 2 Pedro 2:4; Mateo 25:31.
— *Existencia del diablo:* Mateo 25:41; Apocalipsis 20:10; Efesios 4:27; Santiago 4:7.
— *Existencia de los demonios:* Apocalipsis 12:9; Mateo 25:41; Lucas 4:33, etc.

El espiritismo niega todas las doctrinas básicas de la fe cristiana. Los libros, periódicos, revistas y publicaciones espiritistas nada tienen de cristiano. El espiritismo cristiano no existe. Es un mero rótulo. Cristo es tan sólo un espíritu más, ya sea en el gobierno de la tierra o en el mundo de los espíritus.

Entre las sectas o sociedades secretas relacionadas con el espiritismo, así como a ciertas de sus prácticas, tenemos todavía: El yoguismo, el faquirismo, el manejo de serpientes, el culto del mago Abramelim, el culto de las brujas, el culto del pavo real, el culto a los discos voladores, el culto a los duendes y hadas, etc.

Estemos seguros también de que el mismo Satanás, que incita al hombre a que le rinda culto, también lo hace olvidarse de Dios, llevándolo a la incredulidad y al materialismo, así como al ateísmo. Si no, aunque sea, a una vida monótona y "sosegada", desligada de la Iglesia de Cristo establecida en la tierra. Los verdaderos cristianos no pueden quedarse parados... ¡De ninguna manera!

Cultos espiritistas

1. Umbanda

La umbanda es una mezcla de espiritismo kardecista, animismo africano, budismo y mediumnismo. No tiene, sin embargo, un cuerpo de doctrinas definido y se está estableciendo rápidamente en el Brasil.

Los locales de reunión de la umbanda aparecen de la noche a la mañana, principalmente en los barrios más pobres de las diferentes ciudades. Allí se practica la hechicería y se promete resolver los problemas de los necesitados.

La palabra *umbanda* quiere decir "del lado de Dios, o del lado del bien". En su esencia es una religión de magia y hechicería; es politeísta, fetichista y mitológica, muy semejante al candomblé.

La tónica de la umbanda es la adoración y adulación tributada a los *orichás* (dioses), que aparecen siempre como fuerzas de la naturaleza divinizadas y que se incorporan en los médiums "evolucionados", para hacer el bien. En cuanto a los *echus* (espíritus opresores u obsesores), son representados en su mayoría por fuerzas negativas y representativas de todo lo que no es bueno: el adulterio, la prostitución, la pederastia, las contiendas, la muerte, la perversidad, etc. Son estos últimos los que suelen frecuentar las encrucijadas, los cementerios, los bosques, los pantanos y otros lugares por el estilo.

El orichá es adorado y servido, y es motivo de orgullo para el médium (o caballo). A él se le hacen ofrendas y para él hay baños de purificación o de preparación del ambiente (casa o local de reunión) con incienso o perfume.

El echu es evitado. Cuando en una sesión se posesiona, es alejado enseguida, muchas veces después de ser adoctrinado. En algunos locales de reunión se aconseja hacerle ofrendas para que se aleje. En otros esa ofrenda es hecha para cubrir alguna otra ofrenda que ya le fue hecha, y ponerlo así al servicio del último oferente.

Tipos de reuniones

1. *Línea blanca* — Muchas veces se presenta como *centro de mesa*. El dirigente se queda sentado junto a una mesa, teniendo en su alrededor a los médiums. Casi siempre usan el nombre de Jesús para darle apertura a la reunión. Algunas mesas tienen perfumes y flores, y en muy raros casos aparecen también velas.

Los médiums se concentran y, al son de cánticos los "negros viejos" y los "mestizos" se manifiestan. Por lo general no incorporan orichás para que no se mezclen con los antepasados. En ese tipo de reunión se puede consultar a espíritus de personas que murieron recientemente.[12]

2. *Local de reunión* — El padrino (o la madrina) del santo— normalmente vestido de blanco — dirige la "ronda" al son de palmadas y de puntos (cantos). Todos se visten de blanco o con la ropa preferida de su guía, y danzan al son del "atabaque" (especie de tambor sagrado).

A medida que las entidades se van incorporando, los médiums van "prestando la caridad" a los asistentes. En cada reunión se observa la evolución del médium. Llegar a ser padrino del santo o madrina es el ideal de la mayoría de ellos. Decimos de la mayoría, porque muchos están allí forzados por un problema o por una enfermedad. En esos casos, después de una consulta, se les dice que *les es preciso progresar*, que el mal es espiritual, etc. De esa manera muchos crédulos se han dejado arrastrar por las redes malignas del espiritismo.

Se dan explicaciones, pases y bendiciones a los interesados que se dirigen a las reuniones en las horas de dificultad. El decir "a usted le es preciso progresar" es muy común, aunque después de haberse resuelto su problema, la mayoría no vuelve más, hasta que no tenga otra necesidad.

Sabemos que hay mucho charlatanismo en esos locales, y que puede haber muchas supuestas manifestaciones, pero sabemos también que en la mayoría de los casos los espíritus se posesionan realmente; no espíritus de personas que murieron, sino demonios — que engañan al pueblo y, muchas veces, obran en forma sobrenatural.

2. Quimbanda

La umbanda y la quimbanda son semejantes. Es muy común

la realización de sesiones de quimbanda en los locales de reunión de la umbanda. Pero, aunque son semejantes, no son iguales. Aun cuando usen con frecuencia los mismos puntos (cantos) e invoquen las mismas entidades, existe una gran rivalidad — al menos teórica — entre las dos. Solamente el que ya ha vivido en ese ambiente y ha participado de sus reuniones, puede comprender exactamente la diferencia que existe entre las dos. En la mayoría de las veces, ni siquiera los propios padrinos o madrinas de santos comprenden perfectamente el límite existente entre uno y otro culto.

Esa dificultad existe por causa del gran sincronismo que hay entre esas dos formas de espiritismo. En la mayoría de los locales de reunión se ve una mezcla de los dos cultos. Con todo, analizando básicamente a cada uno de ellos, podemos darnos cuenta de la tendencia de cada local.

1. La umbanda se dedica a la práctica del bien; sin embargo, algunas veces le hace el mal a alguna persona.

2. Una de las prácticas más comunes de la umbanda es "deshacer" el trabajo ruin hecho, por lo común, por los adeptos de la quimbanda.

3. La quimbanda se preocupa mucho más en hacer el mal, atendiendo solicitudes de sus adeptos o de sus admiradores.

4. En la quimbanda, una de las prácticas más comunes es reforzar o hacer un trabajo mayor al que fue hecho en la umbanda, con la intención de agradar más a los echus, para obtener sus favores, sea para el bien o para el mal.

5. En la umbanda la flores, las velas, los perfumes y los afeites predominan en las ofrendas.

6. En la quimbanda lo que predomina es la sangre y el sacrificio de animales.

7. En la umbanda los colores blanco y azul son los preferidos.

8. En la quimbanda el negro y el rojo son los que predominan.

9. La umbanda se divide en siete líneas (agrupaciones de espíritus que trabajan en las macumbas), que se dividen en siete falanges que, a su vez, se subdividen en falanges pequeñas. Cada falange pequeña se divide aún en siete

grupos, etc. Cada línea tiene por jefe a un orichá (mestizos con nombres de santos; hasta el nombre de Jesús entra en esto. . .), y cada falange, un ogún (espíritus de indios, que tienen la finalidad de hacer el trabajo de demanda).

10. La quimbanda tiene la misma división sistemática de la umbanda, ya que los jefes de las líneas y de las falanges son echus. Los echus son las divinidades diabólicas de la mitología africana — algo así como demonios o espíritus malignos — y que, según ellos, también hacen el bien. . .

11. Frase común usada en la umbanda: "Dios es padre de todos. . ."

12. Frase común usada en la quimbanda: "Dios es bueno, pero el diablo no es malo."

Culto a los demonios

Los echus reciben varios nombres y actúan en varios lugares. Forman un ejército numeroso y están bajo las órdenes de Satanás, a quien adoran abiertamente, de modo particular el lunes de carnaval. Le son ofrecidos a Satanás trabajos sangrientos y perversos. Lo curioso es que los quimbandistas tienen a Satanás como jefe principal, pero creen en Dios y tienen a San Miguel Arcángel, protector de la umbanda, como objeto de veneración.

En la misma medida que en los Evangelios los demonios son combatidos, en el espiritismo ellos son servidos y complacidos, llegando hasta a ser adorados, como en el caso de la quimbanda.

Es muy común, por ejemplo, ver en una sesión de quimbanda, personas que rasgan con los dientes, bajo la influencia de los echus, el pescuezo de una gallina y beben su sangre, o usan pólvora para destruir simbólicamente a sus enemigos.

En ese culto demoníaco, hay echus protectores de prostitutas, de pederastas, de viciados, de extorsionadores, de ladrones, etc. Sus adeptos consumen mucha bebida, principalmente aguardiente de melaza, aunque ésa es una característica principal de la macumba.

3. Candomblé

El candomblé es un culto fetichista, semejante a la quimbanda. Tal vez el lector se esté preguntando: Pero si la umbanda es semejante a la quimbanda, y si la quimbanda es semejante al candomblé, ¿entonces todos son semejantes entre sí? Sí, todos son semejantes entre sí, pero no iguales, según ya lo hemos visto en la comparación entre la umbanda y la quimbanda.

Son los mismos espíritus que operan en estos cultos: Satanás y sus demonios. Se alteran la forma, los nombres y los rituales; sin embargo la esencia es la misma en todas las sesiones donde se practica el espiritismo, sea éste alto o bajo, de mesa o de local, científico o inculto.

El ocultismo

El ocultismo del candomblé es secreto hasta para aquellos que lo practican. No existen prácticamente libros sobre el candomblé, sobre sus doctrinas, sus rituales y sus prácticas. Lo que se sabe con respecto a él son declaraciones de personas que salieron de aquel lodazal y entregaron su vida al Señor Jesucristo. Acontecen cosas en el candomblé que, si fueran publicadas, la policía, la salud pública y hasta las organizaciones que luchan por los derechos humanos, tomarían providencias al respecto.

Para tener una idea de la diferencia que existe entre el candomblé, la umbanda y la quimbanda, podemos anotar lo siguiente:

1. La sangre del candomblé es verde. Su secreto se basa en las hojas verdes y hierbas que usan en sus "trabajos". Unas se destinan a hacer el mal, otras a hacer el bien. La mayoría de ellas vienen del Africa por contrabando.

2. El umbandista, que considera al "orichá" demasiado poderoso para ser fácilmente invocado, llama a espíritus desencarnados y a espíritus menores para representarlos. El quimbandista adora al Echu, al propio Satanás, a quien le hace ofrendas, aunque crea también en los orichás. El candomblista tiene a los orichás como dioses o espíritus buenos, a quienes se les suplica para que el cliente consiga favores. Se les hacen sacrificios y ofrendas a los echus, pero tan sólo para alejarlos.

3. El candomblé no invoca "negros viejos" ni "ánimas", pues, como ya lo hemos dicho, los orichás constituyen su veneración principal.

4. Se hacen mezclas de hierbas con polvos, tierra de cementerio, piedras y cosas de ese tipo, para lograr varios objetivos. Polvo de amor; bebida para cerrar el cuerpo; polvo de seducción; baños para alejar el mal de ojo, la envidia, o para recibir beneficios; esas son las recetas de los padrinos y las madrinas. Es claro que detrás de todo esto hay un gran comercio de chucherías, que explota la fe ingenua del pueblo.

5. El candomblé, en ceremonias tales como el *osé* (purificación), el *bori* (expiación), el *otá* (sacrificio), en el *ofrecimiento que se hace de las primicias*, en las *prohibiciones de comer ciertas comidas* y también en la *limpieza del campamento*, es una mistificación demoníaca de prácticas sacadas del Antiguo Testamento, con el exclusivo objeto de engañar al pueblo.

6. En el candomblé, lo esencial de los sacrificios se encuentra en las piedras que representan a dioses, y que, después de una obligación de sangre, son bautizadas con el nombre del respectivo orichá.

7. Detrás de los sacrificios sangrientos del candomblé, detrás de las ofrendas de comida y de los baños, hay un poder maligno que quiere controlar y destruir la vida de sus seguidores.

8. La práctica de "hacer cabeza" es una manera de vender el alma al orichá. Es un chantaje diabólico que obliga a la persona a renunciar durante toda la vida a su propia salvación. De ahí que los adeptos del candomblé crean que nunca lo podrán dejar. Para éstos vienen bien las palabras de Jesús:

> "Así que si el Hijo os libertare, seréis verdaderamente libres" (Juan 8:36).

Advertencias Bíblicas

1. No rendirles culto a los astros y a las fuerzas celestes: Deuteronomio 4:19.

2. No conservar material de esas religiones falsas: Deuteronomio 13:17.

3. No mutilar el cuerpo: Deuteronomio 18:9-12.

4. No practicar la hechicería: Deuteronomio 18:9-12.

5. No consultar a los astros (horóscopos): Isaías 47:13.
6. No practicar el espiritismo bajo forma alguna: Deuteronomio 32:17, 20, 21, 39; 2 Crónicas 33:6.
7. No servir a nadie fuera de Dios: Josué 24:20.
8. No quemar incienso: 2 Reyes 22:17.
9. No sacrificar animales: Salmo 50:9; Isaías 1:11 y ss.
10. No entrarán en el cielo los hechiceros y los idólatras: Apocalipsis 22:15.

4. Macumba

El término es genérico comúnmente empleado con relación a la umbanda, la quimbanda, el candomblé, el vudú, y también con relación a sus rituales y ofrendas. Se la llama *candomblé* (Bahía); *tambor de mina, tambor criollo* (Marañón); *changó* (Pernambuco, Alagoas); *babazué* (Pará); *curimba*, etc.

Los espiritistas que practican los cultos citados consideran la macumba como una forma profana y liberal del mediumnismo.

En general, se puede considerar como macumba el culto fetichista de origen africano y de práctica popular que carece de normas, formas, doctrinas o prohibiciones.

Acontece de todo en los locales de reunión de la macumba. Hay una mezcla de orichás, echus, negros viejos, almas desencarnadas, espíritus de luz, etc. De acuerdo con cada local, son aceptos o son rechazados, o participan de la misma manera todos los espíritus.

En cuanto a los rituales, asimilan de los demás cultos espiritistas sus prácticas, aunque sin ningún compromiso serio. Hacen de todo. En Río de Janeiro, principalmente en la Bajada Fluminense, y en San Pablo, en la llamada Periferia, esos locales de reunión son muy comunes. Es claro que las "tendencias" de cada local están de acuerdo a los principios del padrino o la madrina que lo dirige.

La práctica de ese culto, al igual que la de los demás cultos africanos, comenzó en el Brasil con la llegada de los esclavos africanos. Después de ser liberados, siguieron practicando el culto, que muy pronto fue atrayendo adeptos, principalmente de entre los pobres y los habitantes de las favelas (chavolas).

Hoy día se puede ver a mucha gente pudiente en esas reuniones. Se forman filas enteras de autos frente a los locales de la macumba, procedente de todas partes de la ciudad. Es común y al mismo tiempo triste ver entre los practicantes inclusive a muchos niños, algunas veces hasta de brazos. . .

Las sesiones de macumba

Las sesiones son llamadas también *giras* o *rondas* y, por lo general, proceden en el orden siguiente:

1. Limpieza espiritual del local con incensario. El *cambono* (auxiliar) va incensando primero médium por médium, después el local, y a veces también a los asistentes. A esto lo llaman "descarga".
2. Cumplimientos hechos por los médiums al *babalao* (jefe de local) y a los *atabaques* (hombres que tocan un tambor de ese nombre).
3. El *ogán* (elemento que dirige el punto o canto) inicia los cánticos de puntos, con los cuales saludan a los orichás.
4. Rezo de apertura, en la que *ochalá* (Jesús) y los orichás dan permiso para la realización de la sesión.
5. Punto (canto) para despachar el echu (Satanás) y llamada de los guías. Hay locales que realizan sesiones separadas para mestizos, orichás y echus. Normalmente estos últimos celebran la sesión los viernes a la medianoche.
6. Manifestaciones de guías, danzas, pases, consultas, bailes, etc.

Ofrendas

En la macumba el "guía" exige ofrendas. Marca día, hora y local para que la ofrenda sea entregada. Y suele manifestarse a la hora en que el macumbero la coloca en el lugar indicado.

Esto es llamado también "obligación", que sirve para atender un pedido o una paga en favor de algo recibido. Forma también parte de la comunión entre el médium y su guía.

Esas ofrendas se componen de diferentes elementos, de acuerdo con la voluntad de cada "guía". Farofa (masa de yuca o mandioca, manteca y tocino), pipoca (rositas de maíz), cachaza (aguardiente de melaza) u otras bebidas comunes.

Descargas

Los macumberos llaman descarga a lo que ellos imaginan ser el alejamiento de malas influencias. Estas descargas pueden ser hechas con sahumerios, baños, trazos, o con la entrega de ofrendas, que normalmente son hechas en los bosques, en el mar, en los ríos, en los cementerios o en las encrucijadas. Se acostumbra también usar la pólvora para las "descargas más pesadas".

El gran secreto del espiritismo

El gran secreto del espiritismo, en sus diversas formas, es dar entrada en la vida de la persona a las fuerzas del infierno, que queda esclava de los espíritus, pagando un precio increíble por los favores que el diablo le presta.

5. Kardecismo

El espiritismo kardecista se apoya en los principios de Allan Kardec. Sus practicantes suelen decir que ellos son los verdaderos "espíritas," y los demás son tan soólo "espiritistas mediumnistas".

Como ya afirmamos varias veces, su esencia es la misma. Es cierto que existe una gran influencia de las enseñanzas de Jesús en la doctrina de Kardec. Este llegó a escribir el libro "El Evangelio según el espiritismo", y afirmó que le había sido dictado por el "espíritu de la verdad".

Con todo, es bueno dejar claro que las enseñanzas de Jesús contenidas en ese libro y en los demás libros que Kardec y sus secuaces escribieron, se hallan dramáticamente torcidas y mutiladas. Es una tentativa delirante por tratar de igualar las sublimes enseñanzas del Señor Jesucristo a las enseñanzas demoníacas y falsas del espiritismo.

La práctica

El kardecismo — al igual que los demás cultos espiritistas — no tiene una doctrina sólida. Los ortodoxos defienden tan sólo las enseñanzas de Kardec, mientras que la mayoría asimila también las enseñanzas de diversos autores espiritistas, como Pastorino, Chico Xavier, Bezerra de Menezes, Imbassay y otros.

Por lo general usan las siguientes prácticas:

— Comunicación con muertos; espíritus de personas que vivieron entre nosotros y que ahora necesitan de caridad; ahora son mensajeros celestiales.

— Comunicación con espíritus evolucionados: espíritus de seres que están en un plano superior en el éter. Algunos de éstos afirman habitar otros planetas.

— Comunicación con seres extraterrestres: con espíritus que nc vivieron entre nosotros; que son de otra esfera espiritual, y superevolucionados.

— Caridad espiritual: ejercida para con los espíritus errantes, obsesores, en evolución (consejos, doctrina, imprecaciones magnéticas, etc.).

— Adoctrinamiento: para los adeptos. Palestras basadas en la doctrina kardecista; palestras hechas por mensajeros del más allá; estudios realizados en los libros espiritistas, etc.

— Cánticos: usan cánticos durante las reuniones; tienen corales, conjunto de jóvenes, etc.

Los centros kardecistas tienen un mentor espiritual (el padrino de la umbanda), también tienen un protector (entidad desencarnada) y varias organizaciones sociales que hacen contribuciones benéfica para los orfanatos, y para los asilos, etc.

Ya vimos anteriormente las referencias bíblicas que contradicen las enseñanzas espiritistas kardecistas; pero queremos transcribir ésta:

". . .que tendrán apariencia de piedad, pero negarán la eficacia de ella; a éstos evita. .
. . .siempre están aprendiendo, y nunca pueden llegar al conocimiento de la verdad" (2 Timoteo 3:5, 7).

En cuanto a las demás manifestaciones del espiritismo que son numerosas, podremos reconocer en las sectas de las cuales hablaremos más detalladamente en los próximos capítulos.

---

[1] Génesis 3:1-6.
[2] Mateo 25:41.
[3] Exodo 9:11; Deuteronomio 18:9-14; 1 Samuel 28:1-15; 1 Corintios 10:3; etc.
[4] El camino de la luz.
[5] Exodo 22:18; Levítico 19:31; 20:6; Deuteronomio 18:9-14; Isaías 8:19, 20.
[6] Job 10:21; Lucas 16:22-29; Juan 9:2, 3; Filipenses 1:21-24; Hebreos 9:27; Apocalipsis 14:13.
[7] Isaías 64:6; Juan 1:12; 3:16; 5:24; 6:47; Hechos 16:31; Romanos 3:10-12; 22:38.
[8] Lucas 23:43; Juan 3:3, 18; etc.

[9] Levítico 19:31; 20:6; Deuteronomio 18:9-12; Isaías 8:19, 20; 55:6; 59:1; Juan 14:23; etc.
[10] Mateo 1:23; 16:15-17; Juan 1:1; 6:38; Filipenses 2:10; Apocalipsis 17:14; etc.
[11] Gálatas 1:8, 9; 1 Timoteo 4:1.
[12] Salmo 115:17; Eclesiastés 9:5.

13
El vudú

El vudú es una secta secreta y misteriosa, cuyos adeptos son llevados, mediante ceremonias y rituales, a rendir un verdadero culto a los demonios.

El culto vudú tuvo su origen en la zona de Africa ocupada actualmente por las naciones de Ghana, Togo y Benin. Los esclavos africanos traídos de esa región comenzaron su práctica en las Antillas.

Al principio este culto tuvo una historia idéntica a la de la macumba en Latinoamérica. Comenzó a ser practicado a escondidas, y sufrió mucha persecución. A partir de 1803, los negros de las Antillas fueron llevados, en número cada vez mayor, para los Estados Unidos; y fue allí donde el vudú recibió cierta organización.

Vudú o Zombi era un dios que dominaba la noche y cuidaba a sus "protegidos". Los adeptos de esa secta creen que, a través de ciertos sacrificios, ceremonias, mortificaciones, etc., pueden alcanzar la "gracia" de Zombi y recibir poder para dominar el mundo y las personas.

Algunas informaciones sobre el culto vudú

— Fue establecido inicialmente en Nueva Orleans, donde existe hasta hoy día.
— Actualmente el país considerado como sede mundial del vudú es Haití con sus islas próximas, donde una gran mayoría de la población practica este culto.
— Toda ceremonia del vudú tiene un rey y una reina; un padrino y una madrina. La reina tiene mayor poder, porque este culto es matriarcal.
— La serpiente es considerada como símbolo del poder. Por

eso es que casi siempre está presente en los cultos, enroscada en los brazos o en el cuello de los practicantes. Vea en Génesis 3 el juicio de Dios en cuanto a la serpiente.

— Las primeras ceremonias libres del vudú fueron realizadas en las márgenes del lago Pontchartrain, en Nueva Orleans.

— Una de las primeras reinas o madrinas conocidas en su historia fue *Sanite Dede*, conocida como la organizadora de este culto salvaje. Llegó al auge de su fama en 1825.

— Entre las reinas más famosas podemos encontrar a Marie Laveau y a su hija, también llamada Marie. Realizaba sesiones en una casa, por el año 1830.

Doctrinas

El vudú no tiene doctrinas básicas; con todo, cree en la reencarnación y tiene en la práctica de la nigromancia su punto más alto. Los espíritus de los muertos y también los "dioses", son los responsables de su manera de pensar en cuanto a la vida y en cuanto a la religión. Sus adeptos viven el presente; su escatología se resume en creer que todos los hombres llegarán a la práctica del vudú, y que Zombi y sus espíritus dominarán y reinarán en el mundo.

En el vudú, lo que interesa es la práctica del culto. Los rituales y ceremonias son el centro de la religión. No existen detalles: la práctica es lo esencial.

Ceremonias

Las ceremonias vudús varían de acuerdo con los practicantes. No hay una regla general; sin embargo se pueden notar algunos aspectos:

— La ceremonia africana se inicia casi siempre cuando saca el oficiante una cobra de un cesto y permite que ésta lama su rostro. Creen recibir por medio de ese contacto una visión especial y poderes mágicos.

— En la ceremonia que se usa en los Estados Unidos no es muy común el uso de la cobra. Un danzarín, que representa al dios Vudú o Zombi, hace evoluciones alucinógenas. Entretanto la madrina se sube sobre un cajón y, mediante pases, les transmite su poder a los demás fieles, que se aferran frenéticamente a sus manos.

— Las ofrendas hechas al dios (gallinas, perros, sapos y siempre una cobra) son lanzadas en un calderón de agua hirviente. El vapor que sube de la olla — altar — tiene un gran efecto de purificación.

— En algunas ocasiones el pasista se viste con un taparrabos rojo, salta en medio del local con un pequeño ataúd en la mano, y con una danza alucinadora y violenta lo coloca a los pies de la sacerdotisa (reina). Después de eso, se pone a girar y a dar vueltas alrededor de la fogata hasta caer exhausto al suelo. El acto de dar vueltas y girar hasta caer desmayado tiene el significado de "estar poseído por Zombi". Por lo regular, cuando el practicante vuelve en sí, trae lindos cuentos y "maravillosas visiones" del más allá, pura consecuencia de su estado psíquico alucinógeno.

— La danza al son de tambores, se desarrolla con un fondo musical de chillidos y gritos fantasmagóricos, algunas veces con la olla de los sacrificios sobre la fogata a manera de "bálsamo", y el aguardiente de melaza (de caña) como estimulante. Esto hace que los practicantes caigan en éxtasis en el lugar de reunión, lo cual es agradable a los ojos de Zombi.

Prácticas

Los adeptos del vudú tienen prácticas condenadas, tanto por la Palabra de Dios, como por la medicina y la higiene. Veamos:

— El iniciante deberá dejar que uno de los adeptos de la secta, poseído por cualquier espíritu, le chupe la sangre a través de un corte hecho en el brazo, en la muñeca, en el costado o en otra región del cuerpo que posibilite "un buen flujo".

— Hacen costosos y curiosos gris-gris (despachos, brujerías) donde colocan, entre otras cosas, pedazos de carne, potes de sangre, sapos, lagartos, farofas (masas de harina de yuca o mandioca, manteca y tocino) y aguardiente de caña. Los nuevos adeptos son colocados en un círculo trazado en el suelo. Cada uno recibe, entre otras cosas, lo siguiente: un pedazo de hueso humano, un muñeco de cera y hebras de crin de caballo. La madrina golpea al iniciado en la cabeza con una pala de madera y, con el cántico de un "punto" de buen ritmo, comienzan a temblar, lo que significa que "están recibiendo poder".

— Cuando el practicante "recibe" tal poder, sale girando y saltando, emite lenguas extrañas y entra en la danza. ¡Recibió el "bautismo" de Zombi o Zambi, el dios Vudú!

— Si el iniciado, por cualquier motivo sale del círculo, todos le viran las espaldas. Después que el iniciante cae al suelo desmayado, es aceptado y presta su juramento a Vudú.

— En algunos cultos vudús, después de este juramento, al iniciante se le da un masaje por todo el cuerpo con el *polvo de seducción*, que es una especie de mezcla de tierra de cementerio con polvo de huesos, pasado por incensación con hierbas dañinas. Ese polvo tiene la virtud de dejarlo en condiciones de atraer a los espíritus.

— Usan amuletos, hechos casi siempre con pedazos de hueso, piedras de color, tierra de cementerio, sal gruesa, pimentón y otras cosas. Estas cosas las cosen en el dobladillo de las faldas o en el de los pantalones, o las tienen enganchadas en las ligas. También se suele poner esa mezcla en un saquito que pueda ser colgado en el cuello.

— La práctica de usar un muñeco para meterle agujas a modo de arpones, transfiriendo los sufrimientos a la persona representada, es de origen africano. En el vudú de Haití y en el de los Estados Unidos esta práctica no tiene tanto énfasis, como ya lo hemos dicho.

— Hay alguna verdad en las historias terribles de muertes provocadas por el vudú. Existen casos documentados en que los curanderos vudús realizaron sus ceremonias secretas, y las víctimas de sus invocaciones murieron o enloquecieron.

El poder de la sugestión es muy fuerte. Por regla general eso explica las muertes provocadas por el vudú. Es un culto verdaderamente diabólico, en el que existen dos clases de víctimas: la que practica y la que es victimada por la que practica. Lanzan maldiciones sobre las personas, y en el caso de tener éstas una mente impresionable, pueden ser llevadas hasta la misma muerte. Ejemplos:

— Traspasar un muñeco con alfileres, transfiriendo así los sufrimientos a la persona representada.
— Asar un pescado que tiene el nombre de la víctima en su interior.
— Soltar pequeños barcos en el río con el nombre de la víctima adentro. Eso hará que la víctima "desaparezca".
— Enterrar ataúdes que tienen el nombre de la víctima adentro, acto realizado de acuerdo a las ceremonias vudús. Esto llevará a la víctima a la muerte.
— Sangre de murciélagos, tierra de cementerio y velas quemadas, todo esto colocado en un gris-gris (despacho, brujería) junto con el nombre de un enemigo, pueden también llevarlo a la muerte.

Marie Laveau

Marie Laveau aprendió de su madre, que tenía el mismo nombre, los misterios del culto vudú. Era considerada como la gran jefa de Nueva Orleans. Dirigía la mayor parte de las actividades de su casa de la calle Santa Ana. Recibía allí el día entero una cantidad enorme de clientes. Usaba los más diversos amuletos, que vendía cuando ejecutaba sus servicios. Los precios de sus servicios dependían de la situación económica de los clientes. Algunos costaban hasta quinientos dólares. La muerte de un enemigo costaba, como mínimo, mil dólares. Mató a mucha gente y, según dicen, tenía el poder de maldecir a las personas hasta la cuarta generación (ver Éxodo 20:1-4). Entre otras cosas, se dice que hacía lo siguiente:

— Invocaba a los espíritus de los muertos.
— Hacía caer los cuadros de las paredes simplemente con mirarlos.
— Causó muchas desgracias entre las familias.
— Escribía el nombre de la víctima en un globo, amarraba

en el cordel una imagen de san Expedito y soltaba el globo en el aire. El infeliz cuyo nombre estaba escrito allí, se desvanecía en la misma dirección que la del globo, llevado por el viento. ¿Sería cierto?

— Era especialista en ganar procesos judiciales, haciendo con los nombres de los jurados, del promotor y del juez, lo siguiente: ponía sus nombres en un pedazo de papel, los colocaba dentro de un bloque de hielo y los cubría con azúcar. Encendía nueve velas alrededor del bloque de hielo, golpeaba nueve veces en el suelo recitando oraciones en una lengua desconocida. En casos más difíciles apelaba a otros objetos tales como velas negras, o a animales tales como sapos, lagartos, cobras u otros, hasta alcanzar victoria.

— Hacía bolas de cera con pedazos de carne (de preferencia humana) y las traspasaba con alfileres o los marcaba con sangre. Esas bolitas podían causar la muerte o cualquier efecto deseado.

Aun cuando muchas personas crean que el culto vudú sólo es practicado en Haití, la verdad es que está esparcido en el mundo entero. En la América del Sur existen muchos cultos semejantes, pero sigue siendo practicado en su forma antigua en muchos países del Africa. En 1962 la policía de Nueva York cerró varios puestos de venta de artículos vudús.

Los practicantes del culto vudú constituyen un grupo más de personas que están sirviendo a Satanás. Oremos por ellos. . . Jesucristo los ama también a ellos y le gustaría recibirlos en los tabernáculos eternos. Inclúyalos en sus oraciones. Pídale a Dios que les envíe a alguien para que trabaje entre ellos.

14
El bahaísmo

Es una religión fundada en Acre, Palestina, por un noble persa exiliado nacido en 1817 y descendiente de los reyes sasánidas, de nombre Mirzá Husayn 'Alí Nuri, conocido hoy día por el nombre de *Baha Allah* (Gloria de Dios). Fue organizada por su hijo, Sir Abdul-Bahá Bahai o "Siervo de la Gloria de Dios" (1894-1921). Esta secta afirma tener más de un millón de adeptos, y dice que la mitad de la América es bahai.

Resumen histórico

Se considera que Said 'Alí Muhammad, de Chiraz, fue el precursor de ese movimiento religioso. Su sobrenombre era el "Bab" (puerta), y fue considerado como el medio por el cual se puede pasar al conocimiento pleno de la verdad divina. De aquí viene la expresión que se asocia con su persona: Bab el-Din (puerta de la fe).

Influido por contactos que tuvo con fuentes gnósticas, sufitas y chiítas, el Bab —que habí sido reconocido por dirigentes de la secta islámica chiíta como sucesor de Mahoma— expuso que se deberían hacer modificaciones en el Corán. Esto sublevó a los musulmanes ortodoxos.

Tras grandes y bárbaras persecuciones que sufrieron los adeptos de esa secta, sobre todo porque él afirmaba ser sucesor de Moisés, de Cristo y de Mahoma, el Bab fue muerto en 1850 en Tabriz. Después de su ejecución expatriaron a muchos seguidores de la secta, inclusive a Baha Allah, que unos años después llegó a Acre, Palestina, donde se proclamó a sí mismo el nuevo profeta. En cuanto a Alí Muhammad, Baha Allah decía que había sido una especie de Juan el Bautista, que vino con la misión de preparar el camino para el verdadero profeta.

El centro administrativo del bahaísmo está en Haifa, Israel. Sus dos principales templos se encuentran en Rusia (en Isqabad) y en Estados Unidos (en Wilmette, Illinois). Existen más de quinientas comunidades de esa religión en Irán, cerca de noventa en los Estados Unidos y otras tantas esparcidas por más de cien países del mundo. Publican, además de informes bienales, la revista mensual "World Order Magazine" (Revista del Orden Mundial).

Baha Allah

Según la enseñanza de Baha Allah, la revelación periódica que Dios les hace a los hombres por medio de un profeta especial — como Moisés, Jesús o Mahoma — no había terminado como lo enseñó el fundador del islamismo en la revelación de la Meca y Medina. Ahora Dios estaba hablando de nuevo por medio de él.

Su misión consistía en anunciar la nueva era, que se caracterizaría por la unión de todos los hombres, culturas, lenguas y religiones bajo la bandera del bahaísmo, que no pretendía ser otra cosa que la comunión de todas las religiones...

Por decisión testamentaria, el hijo mayor del fundador, Abdul-Bahá, sería considerado universalmente el verdadero intérprete de la religión. En la misma forma pasó la jefatura del movimiento, después de la muerte de éste, al nieto del fundador, Shoghi Effendi.

Doctrinas

Jesús — Fue un profeta como Moisés, Mahoma o Baha Allah. Es una manifestación de Dios, sólo que el Baha Allah es una manifestación *más* reciente. Vea las palabras de Jesús:

"*He aquí yo estoy con vosotros todos los días, hasta el fin del mundo*" (Mateo 28:20).

Religión universal — El bahaísmo es una secta que ha sido fabricada para atender a todos. No obstante tener cuño islámico, intenta atraer a hindúes, cristianos y judíos. Admite a los profetas de otras religiones, y dice que todas las religiones son esencialmente iguales.[1]

Panteísmo — Acepta a todas las religiones y a sus profetas. Por consiguiente, acepta a sus dioses. Por tanto, es una religión panteísta, que también cree en la evolución del hombre hasta que alcance el nivel de la divinidad.

Espiritismo — El bahaísmo adopta casi todas las doctrinas espiritistas. En este caso, las referencias bíblicas usadas para esa religión, sirven para el bahaísmo también.

Religiosidad vaga — Como este movimiento admite la unión de todas las religiones, sin que las mismas tengan que abandonar sus preceptos ni sus doctrinas, es evidente que no puede discurrir sobre ciertas enseñanzas. No puede tener dogmas doctrinales ni enseñar nada que vaya a herir directamente a las otras religiones.

Principios — Algunos principios del bahaísmo son ideas fundamentales que, aunque fueron elaboradas para atender a todos, chocan seriamente contra algunos principios cristianos:

— Un solo Dios y una sola religión (1 Corintios 6:9, 10).
— La unidad total en la humanidad (2 Corintios 6:14, 15).
— La libre búsqueda de la verdad (Juan 14:6).
— El abandono de preconceptos (2 Timoteo 3:14).
— La paz internacional (Juan 14:27).
— Un idioma universal (1 Corintios 13:1).
— La igualdad social y sexual (Mateo 26:11; Apocalipsis 22:15).
— La abolición de la riqueza y de la pobreza; una especie de comunismo (Mateo 26:11).
— La santidad personal, siempre ligada al trabajo (1 Pedro 1:16).

Habrá un día en que algunos de esos principios serán establecidos en la tierra, aunque nunca de la manera como lo creen los bahais. Tan sólo bajo la mano poderosa de Jesucristo podrá doblegarse la humanidad:

"Por lo cual Dios también le exaltó hasta lo sumo, y le dio un nombre que es sobre todo nombre, para que en el nombre de Jesús se doble toda rodilla de los que están en los cielos, y en la tierra, y debajo de la

tierra; y toda lengua confiese que Jesucristo es el Señor, para gloria de Dios Padre" (Filipenses 2:9-11).

---

[1] En la realidad no acontece así: En el libro "Todo se hizo nuevo", del escritor bahai John Ferraby, aparece claramente la evidencia de su sectarismo.

15
El mormonismo

Aunque los mormones sean personas agradables y tengan un programa de beneficencia social que se halle entre los mejores del mundo, el mormonismo sigue siendo una secta falsa. El gran problema que presentan para los creyentes es que se identifican como miembros de la Iglesia de Jesucristo, y en la visitación de casa en casa, su método predilecto, usan terminología cristiana. Así terminan por confundir y crear dudas acerca de las doctrinas básicas del cristianismo y de la integridad de las iglesias evangélicas.

Usan la Biblia tan sólo para "comenzar"; entonces pasan para el libro de Mormón, al que consideran con la misma autoridad que la Biblia. En la práctica, le rinden una honra mucho mayor.

Tienen millares de misioneros esparcidos en decenas de países. Esos misioneros son, en su mayoría, jóvenes que se presentan como voluntarios para el campo misionero. Son sostenidos por economías hechas anteriormente, o por sus propios padres. Los misioneros son itinerantes o inestables. De ahí que no se pueda precisar exactamente el número de los mismos. De vez en cuando hacen un trabajo de expansión en un país determinado y descargan allí a centenares de ellos para que realicen ese trabajo.

Recuento histórico

El "profeta" de los mormones, Joseph Smith Junior, nació el 23 de diciembre de 1805 en Sharon, estado de Vermont. Fue criado en la pobreza y en la superstición, y no tuvo instrucción alguna. En 1820, cuando tenía quince años y vivía en Palmyra, estado de Nueva York, hubo un gran movimiento evangelístico en esa región. Entonces Smith fue a orar al bosque, y (según los mormones) cuando le estaba preguntando a Dios a cuál de las iglesias debía pertenecer, se le aparecieron dos ángeles resplandecientes que se pararon delante de él. Eran nada menos que Dios y Cristo. Dios señaló hacia Cristo y le dijo al joven de apenas quince años:

— Joseph, éste es mi Hijo, oyélo.

Smith le preguntó a cuál iglesia debía pertenecer, y Dios le dijo que todas las iglesias estaban desviadas; que no se fuera a unir a ninguna de ellas, ya que el Evangelio de Cristo sería restaurado en breve. . .

El 22 de septiembre de 1827, según afirmaba, recibió de un ángel un libro escrito con extraños jeroglíficos en placas de oro. Lo tradujo con gran dificultad y lo publicó como *The Book of Mormon* (1830; El libro de Mormón). El 6 de abril de 1830 fundó la Iglesia de Jesucristo de los Santos de los Ultimos Días. Ese libro y *A book of commandments* (1833; Un libro de mandamientos) forman hoy día, junto con otros escritos, la base de la doctrina y de la organización de esta secta.

Smith se mudó para el estado de Ohio y después se estableció en Commerce, Illinois, donde gobernó de forma dictatorial la primera colonia de mormones. Al predicar la poligamia (1843), abrió un cisma en la secta (Smith tuvo 27 esposas y 44 hijos), y después de varios problemas con la policía, el fundador de la secta y su hermano Hiram fueron secuestrados por una multitud enfurecida que los mató a tiros el 27 de junio de 1844, en Carthage, Illinois, Estados Unidos.

El libro de Mormón

Cuenta Smith que estaba orando a Dios en su cuarto, cuando de repente su aposento fue bañado de luz y se le apareció varias veces el ángel Moroni, el cual le reveló que en el Monte Cumorah, cerca de Palmyra, estaban escondidas las placas de oro que contenían el Evangelio puro; la historia de los primitivos habitantes del continente americano; el Urim y el Tumim, que servirían para traducir las placas, y el pectoral sacerdotal.

Eso aconteció como dos años después de la primera visión de Smith. Después de traducirlas, Smith le devolvió las placas de oro y los objetos al ángel. Este los guarda hasta el día de hoy. . .

Al principio del libro de Mormón se puede leer la declaración de tres testigos y de otros ocho testigos del importante hallazgo.[1] De los "testigos" se tiene tan sólo la declaración y nada más. Algunos de ellos se desligaron del mormonismo ya en el inicio del movimiento.

Citan Ezequiel 37:16, 17 como referencia bíblica al libro de Mormón. Dicen que Lehi y sus descendientes (personajes del libro) eran de la tribu de José, y su registro o "vara" se halla verdaderamente presentada en el libro de Mormón, así como la "vara" de Judá está representada por la Biblia.

Se puede encontrar ese registro en el libro de Mormón en 1 Nefi 5:14 y 3 Nefi 10:17, donde dice que Lehi emigró de Jerusalén hacia la América del Norte a través del Pacífico con su familia y varios acompañantes. Allí tuvo dos hijos: *Nefi* y *Lamán*. Dios designó al hijo más joven, Nefi, para ser el jefe de la tribu. Hubo lucha entre Nefi y Lamán. Los nefitas fueron destruidos en el año 420 d.C. por los lamanitas. El profeta y líder de los nefitas se llamaba Mormón, quien antes de ser exterminado su pueblo, escribió la revelación divina y los hechos históricos sobre placas de oro. El hijo de Mormón, llamado Moroni, escondió esas placas en el monte Cumorah, y en 1823, ya evolucionado como ángel y mandado por Dios, le reveló a Joseph Smith el lugar donde estaban las placas. Los lamanitas, que eran judíos de las diez tribus, dieron origen a los indios americanos. . .

Dice ese libro que Jesucristo, después de su resurrección, les ministró a los nefitas aquí en la América. Citan Juan 10:14-16.[2] El Evangelio eterno de Apocalipsis 14:6, 7, según ellos, es el libro de Mormón que le fue prestado a Joseph Smith.

La verdad acerca del libro de Mormón

En 1812 un pastor presbiteriano retirado llamado Salomón Spaulding escribió un libro que contenía una historia ficticia sobre los primitivos habitantes americanos. Murió sin haber publicado tal libro. El manuscrito cayó en las manos de un ex pastor bautista, llamado Sidney Rigdon. Este era un hombre docto e inteligente. Fue el teólogo de Smith. Fundaron entonces una religión basada en ese libro. Más tarde apareció en escena Parley Pratt, que los auxilió en la composición del libro de Mormón.[3]

Existe otro manuscrito cuyo autor es también Salomón Spaulding, y que los mormones citan para deshacer el origen del libro. Se trata de "La Historia del manuscrito". El manuscrito usado como base para el libro de Mormón es el llamado "El manuscrito encontrado".

Si Salomón Spaulding hubiera sabido que una simple broma literaria, de la cual fue autor, se convertiría en algo así, seguramente habría hecho desaparecer sus escritos.

El libro de Mormón, además de contener varios pasajes del Antiguo Testamento adulterados, es una mediocre imitación de la Biblia. Contiene también varios pasajes de los libros litúrgicos de las Iglesias Anglicana y Metodista. ¿Cómo explicar eso, siendo así que esas iglesias fueron organizadas en 1539 y 1739, respectivamente? Contiene hasta expresiones e ideas modernas, que no podían ser conocidas por su supuesto autor en el año 420 d.C.

Echa de lado la Biblia declarándola insuficiente, y les hace añadiduras y alteraciones a los pasajes bíblicos. Trae además extensas citaciones de la Biblia en la traducción inglesa del año 1611.[4]

La Iglesia de Jesucristo de los Santos de los Ultimos Días

Fue organizada en 1830 en Fayette, estado de Nueva York, después de que Joseph Smith Junior consiguió convencer a algunas personas acerca de la fantástica historia de las visiones. En 1831 una "revelación" ordenó a los "santos" que fueran a habitar al territorio de Missouri, la "tierra de Sion". Kirtland, en el estado de Ohio y Sion, Missouri, se convirtieron en sus dos centros principales.

De Missouri, después de algunas desavenencias de orden político y económico, en 1839 fueron expulsados por orden del gobernador Boggs. Al encontrar buena acogida en Illinois, erigieron la ciudad de "Nauvoo". Allí el "profeta" se proclamó, entre otras cosas, candidato a la presidencia de los Estados Unidos.

Después de la muerte de Smith, Brigham Young llegó de

Inglaterra, donde había estado ganando prosélitos y, por la fuerza de su personalidad, se convirtió en el líder reconocido de la mayoría de los mormones. Un pequeño grupo no aceptó el liderato de Young y tomó el título de *La Iglesia Reorganizada de los Santos de los Ultimos Días*. Su líder fue un hijo de Joseph Smith.

Un grupo se quedó con el nombre de "brighamita" y el otro con el de "josefita". Entre otras diferencias, los josefitas rechazan la poligamia y aceptan la traducción "inspirada" de la Biblia hecha por Smith, al contrario de los brighamitas. Al poco tiempo los mormones empezaron a dividirse y hoy existen por lo menos seis grupos de mormones:

1. *Iglesia de Jesucristo de los Santos de los Ultimos Días* — Es el grupo mayor y, aunque prefiera no hablar sobre la poligamia, su autor contemporáneo, John J. Steward afirma: "La Iglesia nunca renunció, ni renunciará jamás a esa doctrina. La revelación recibida en cuanto al matrimonio pluralista, forma todavía parte integrante de las escrituras de los Santos de los Ultimos Días, y siempre la formará."[5]
2. *Iglesia Reorganizada de Jesucristo de los Santos de los Ultimos Días* — Rechaza la poligamia y acepta la "Traducción Inspirada" de Smith.
3. *Iglesia de Jesucristo de los Santos de los Ultimos Días Strangistas* — Tiene ese nombre porque siguió el liderazgo de J. Strang, que se negó a seguir a Brigham Young.
4. *Iglesia de Cristo del Lote del Templo* — Tiene ese nombre porque se halla situada en el terreno que Smith indicó como local en que sería reconstruido el tempo de Sion. No acepta la poligamia.
5. *Iglesia de Jesucristo Bickertonista* Es el mejor de todos los grupos. No acepta la poligamia. Fue fundado por W. Bickerton en 1862.
6. *Iglesia de Jesucristo Cutlerista* — Es también muy pequeña. No acepta la poligamia. Fue fundada por A. Cutler en 1853.

La literatura de los mormones

La Biblia — "Creemos que la Biblia es la Palabra de Dios hasta donde esté correctamente traducida." En realidad, no son fieles a esta declaración.

La "Versión Inspirada de la Biblia" — Hecha por Smith e impresa en 1866 por el grupo disidente llamado Iglesia Reorganizada. Según convenga, usan el texto canónico o esta versión.

El libro de Mormón — Publicado en 1830 como si su autor fuera Smith. En las ediciones sucesivas Smith aparece tan sólo como traductor. El libro narra la venida de Cristo resucitado a la América, donde les habría predicado a los habitantes, dando esto por resultado la formación de una iglesia cristiana en América en el siglo I. Esa iglesia habría desaparecido en el transcurso del siglo IV d.C.

En el proceso de escribir el libro, aparece otro personaje. Oliver Cowdry, que había sido el escribiente de Smith y quien le dio la idea de fundar una nueva iglesia. Cada cual bautizó y ordenó al otro, bajo las supuestas órdenes de Juan el Bautista.

Cowdry es también uno de los tres testigos que firman la declaración de que habían visto las placas. Fue expulsado de la iglesia después de haber negado sus declaraciones.[6]

Doctrinas y Convenios — Es el libro fundamental de los mormones. Contienen 163 revelaciones dadas por Dios a Smith, entre 1830 y 1843, como Palabra del Señor. Es también llamado "Libro de los Mandamientos" por la Iglesia Reorganizada. En este libro Dios es presentado como alguien de carne y hueso.

Perla de Gran Precio — Consta del Libro de Moisés y del Libro de Abraham. En el segundo libro ya se nota un nítido politeísmo: Dios es presentado como uno entre varios dioses.[7] Contiene, además, varias revelaciones que se dice que fueron dadas por Dios a Smith, y los 13 artículos de fe del mormonismo.

Discurso del Anciano King Follet — Discurso pronunciado por Smith en el funeral del anciano King Follet. Habla sobre la divinización del hombre y la humanización de Dios. De ese discurso surgió el siguiente aforismo de Lorenzo Snow: "Lo que el hombre es ahora, Dios ya lo fue. Lo que Dios es ahora, nosotros lo seremos después."

El Diario "Deseret News" — Es el periódico oficial de los mormones, editado en la ciudad de Salt Lake.

Algunas enseñanzas del mormonismo

Usamos la expresión "algunas", porque por su literatura podemos juzgar que es vasto el campo de enseñanza de los mormones. Abordaremos tan sólo los asuntos más directamente ligados a la fe cristiana. Verificaremos que los mormones ni siquiera necesitan la Biblia, pues sus doctrinas no son sacadas de ella, sino de las revelaciones de Joseph Smith.

Dios — "El Padre tiene un cuerpo de carne y huesos, tangible como el del hombre; así también el Hijo." Citan Génesis 1:26.[8] Dios, nuestro padre celestial, fue tal vez un niño y mortal como lo somos nosotros ahora, y se elevó paso a paso en la escala del progreso hasta el punto en que se encuentra ahora.

La Trinidad — Afirman que existen tres dioses y no una triunidad, en el primer artículo de la declaración de fe mormón.[9] En los escritos de sus autores hay muchas contradicciones, principalmente si se hacen comparaciones con el propio libro de Mormón en Alma 11:24-29.

La Creación — Todo lo que existe, sea visible o invisible, es eterno y siempre existió. Dios no creó nada, tan sólo reunió y coordinó lo que era materia (ver Doctrinas y Convenios 93:33).[10]

El hombre — El mormonismo eleva al hombre al nivel de Dios y rebaja a Dios al nivel del hombre (Milenial Star, vol. 23). "El hombre fue también en el principio con Dios" (Doctrinas y Convenios 93:29). Exalta la caída del hombre. Dice que, además de haber sido una oportunidad para que "abriese los ojos", fue la adquisición del derecho de tener descendencia (Libro de Moisés 5:10, 11). Afirman además que la muerte temporal del hombre no podría haber dejado de acontecer, pues en ese caso, destruiría el gran plan de felicidad. (Alma 42:8).[11]

El pecado — "El pecado es una realidad que contribuye a

impedir o a retardar el desarrollo del alma humana (Talmage)." Aquí los mormones tienen mucho que ver con el espiritismo, aparte de que los buenos observadores ya habrán caído en cuenta de la gran semejanza que hay entre la doctrina de los mormones y la de los espiritistas.[12]

La salvación — La salvación viene por las obras, principalmente por la obediencia a los preceptos y a las ceremonias de la iglesia mormona. (Alma 40:21).

El hombre después de la muerte tendrá todavía una segunda oportunidad mediante el baustismo por los muertos. Los mormones vivos pasan por el bautismo y por otras ceremonias con la finalidad de beneficiar a los muertos que están en el mundo de los espíritus; éstos tienen el derecho de aceptar o rechazar la obra hecha para ellos.[13]

Jesús — "Cuando la virgen María concibió al niño Jesús, El no fue engendrado por el Espíritu Santo. ¿Y quién es su padre? Es el primero de la raza humana: ¡Adán!" (Journal of Discourses, vol. 2).

Afirman que, después de la resurrección, Jesús fue a América del Norte, les predicó a sus habitantes, escogió a doce apóstoles y dejó organizada una iglesia que perduró por casi 200 años.

Afirman además que Jesús es el hermano más viejo de la humanidad. Fue engendrado como nosotros. Toman como base Colosenses 1:15 y Apocalipsis 1:5. Es claro que la palabra "primogénito" no sólo significa *el primero engendrado*, sino también:

— Preeminente en todo — Salmo 89:27; Exodo 4:22; 1 Corintios 15:23.

— Heredero de todo — Hebreos 1:2.

— El que tiene derecho sobre todo — Apocalipsis 5:9.

En el libro de Mormón, en Eter 3:3-16, se afirma que el Padre y Cristo son los mismos nombres dados al Señor, y que el cuerpo de que el Señor dispone es el cuerpo de su espíritu. . .

La Biblia — Atribuyen a Dios, en 2 Nefi, cap. 29, las siguientes palabras: "¡Oh necios, vosotros que decís: Una Biblia; tenemos una Biblia y no necesitamos más Biblia!. . . Y no supongáis que porque hablé una palabra, no puedo hablar otra" (2 Nefi 29:6, 9).

De esa manera, abusan no sólo de la inspiración de la Biblia, sino que aun admiten que otros libros son inspirados por Dios de la misma forma que el Libro Sagrado. Claro está que con esto tan sólo están abriendo el camino para que se acepte el libro de Mormón como inspirado por Dios y por consiguiente, como una continuación de la Biblia.

El Espíritu Santo — Afirman que es una substancia etérea, dispersa en el espacio; un fluido divino superior a la electricidad o el magnetismo. Solamente les es concedido a los hombres a través de la imposición de las manos efectuada por los sacerdotes mormones.

Brigham Young, en el Journal of Discourses, Vol. 1, declara: "Cuando la virgen María concibió al niño Jesús, el Padre lo había engendrado a su propia semejanza. No fue engendrado por el Espíritu Santo. ¿Quién es entonces su Padre? Es el primero de la raza humana: acordaos, pues, de ahora en adelante y por siempre jamás, que Jesucristo no fue engendrado por el Espíritu Santo."

Los maestros del mormonismo contradicen abiertamente a la Biblia. Pero no sólo eso: Se contradicen unos a otros y hasta al propio libro de Mormón.[14]

El bautismo por los muertos y por su procuración — Toman 1 Corintios 15:29 como base bíblica. En ese pasaje, aun cuando haya decenas de explicaciones razonables en cuanto a ese acto, Pablo no ratifica tal práctica. Al contrario, usa el ejemplo de una práctica sin fundamento bíblico, utilizada por sus oponentes en Corinto, para demostrar su incoherencia. El verdadero sentido de la muerte es explicado por Pablo inmediatamente después, en el versículo 31.

La incoherencia de los oponentes de Pablo está en el hecho de negar la resurrección y al mismo tiempo aceptar el bautismo por los muertos. Tal bautismo era practicado por las sectas heréticas de los marcionitas y de los montanistas. En 393 d.C. el Concilio de Hipona proscribió tal práctica.

En el libro Doctrinas y Convenios esa enseñanza aparece clara. Whalen informa que en 1857 el presidente Woodruff afirmó que él había sido bautizado por procuración más de 100 veces, a favor de hombres eminentes tales como John

Wesley, Colón, etc.; y que sólo en el transcurso del año 1962, la Iglesia registró 2.566.476 bautismos por los muertos.[15]

Los matrimonios — Los que fueren realizados según los preceptos de la Iglesia Mormona, perdurarán por la eternidad, siempre que haya afinidad espiritual entre los cónyuges. La doctrina de Smith acerca del matrimonio contiene dos elementos: la pluralidad de esposas y el matrimonio espiritual.[16]

La poligamia — "Si un hombre se casa con una joven y, con el consentimiento de ésta, se casa con otra y ambas fueren de él solo, no hay adulterio. Si llegare asimismo a casarse con otras diez, no comete adulterio, pues todas le pertenecen; está justificado su acto."

"Jesucristo fue polígamo: María y Marta, las hermanas de Lázaro, se hallaban entre sus esposas pluralistas, y María Magdalena era otra. La fiesta de Caná era de uno de sus propios casamientos."[17]

La Iglesia — Todas las iglesias están desviadas; ellos son los únicos que están en lo cierto. El Evangelio genuino fue restaurado por Joseph Smith mediante revelación directa de Dios. (2 Nefi 28, 29).

La venida de Jesús — Creen en la segunda venida de Cristo, aunque torciendo el sentido bíblico. La ciudad de Sion será construida en la América del Norte y también el templo del Milenio.[18]

La revelación divina incompleta — "Creemos todo lo que Dios ha revelado, todo lo que actualmente revela, y creemos que aún revelará muchos grandes e importantes asuntos pertenecientes al reino de Dios" (Artículos de Fe, 9).[19]

Los ángeles — Creen que las almas evolucionan después de la muerte. Se convierten en ángeles y prosiguen en la escala ascendente. Citan Hebreos 12:23.[20]

Los ángeles no tienen su origen en hombres perfeccionados. Son superiores a los hombres y fueron creados antes de ellos.

Un punto importante de su ministerio es la asistencia a la iglesia: Hebreos 1:14; Salmo 91:11, 12. Dominan las fuerzas y los elementos de la naturaleza: Apocalipsis 7:1; 14:18; 16:4.

---

1 Libro de Mormón, introducción.
2 3 Nefi 15:21.
3 El caos de las sectas.
4 Ibídem.
5 Brigham Young y sus esposas.
6 Oliver Cowdry, Defensa. (Después de la expulsión de Cowdry, Sidney Rigdon se convirtió en teólogo de Smith, con el cual ya estaba en contacto. Es uno de los fundadores de la iglesia.
7 Ver, por ejemplo, "Abrahán", capítulo 4.
8 Doctrinas y Convenios 130:22. Ver Números 23:19; Romanos 1:23, 25; Hebreos 13:8; Santiago 1:17.
9 Génesis 1:1; Isaías 6:8; Mateo 3:16, 17; Juan 15:26.
10 Podríamos preguntar: ¿y quién creó lo que Dios reunió? Lea Salmo 148:1-5; Romanos 4:17; Efesios 3:9; Colosenses 1:16, 17; Hebreos 11:3; Apocalipsis 10:6; y otras referencias.
11 Génesis 1:26; 3:5; Job 38:4; Isaías 14:14; Mateo 19:4; Romanos 5:12-19.
12 Ezequiel 18:20; Romanos 5:12; 6:23; Santiago 1:15; etc.
13 Hechos 4:12; Romanos 5:9; Efesios 1:7; Hebreos 9:27; 1 Pedro 1:18, 19.
14 Job 33:4; Salmo 139; Lucas 3:22; Hechos 5:3, 4; 10:19, 20; Romanos 8:26; 1 Corintios 12:11 — Journal of Discourses: Orson Pratt, Vol. 2 y Eter 3:3-16.
15 El caos de las sectas.
16 Mateo 22:29, 30.
17 Wife N° 19, cap. XXXV; The True Origin of Mormon Polygamy. Vea Marcos 10:7, 8; Romanos 7:2, 3; 1 Corintios 7:2; 1 Timoteo 3:12; Tito 1:6.
18 Isaías 2:3; Zacarías 8:3, 22; 14:4; Hechos 1:11, 12.
19 Verifique Hebreos 1:1, 2. La expresión "en estos postreros días" no da lugar para las revelaciones de Smith ni las de las señoras Eddy y White. Vea Marcos 12:6, 7; Gálatas 1:8, 9.
20 Salmo 91:11, 12; Mateo 13:41; 24:31; 1 Corintios 4:9; Hebreos 1:4. Vea además 2 Juan 11, 12.

16
Los adventistas del séptimo día (el sabatismo)

El sabatismo no es, como mucha gente piensa, "una denominación igual a las otras, con la única diferencia de que guarda el sábado". Es una peligrosa secta que mezcla muchas verdades bíblicas con grandes errores sobre las doctrinas cristianas y las interpretaciones de las profecías.

Aun cuando el adventismo del séptimo día tenga muchas divergencias con respecto al cristianismo evangélico, existen, sin embargo, cuatro puntos de mayor relieve.

1. *El sueño después de la muerte* — Spicer, escritor sabatista, dice lo siguiente: "Entre la muerte y la resurrección, los muertos duermen." Vea Salmo 73:24; Lucas 16:22 y ss., Filipenses 1:23, 24; 2 Corintios 5:1-8; Apocalipsis 6:9, 10.
2. *El aniquilamiento de los impíos* — La enseñanza positiva de las Escrituras es que el pecado y los pecadores serán exterminados para no existir más. . ." Spicer. Vea Romanos 2:6-9; Apocalipsis 20:10, 13.
3. *La expiación* — Según la doctrina sabatista, la expiación es hecha por Jesús y Satanás. En Levítico 16:5-10, 20, 22 entrevén que el macho cabrío sacrificado representa a Cristo y el emisario representa a Satanás que lleva el pecado de los redimidos para el infierno, donde será aniquilado.

   Se advierten dos herejías en esta enseñanza: la primera, poner a Satanás como cosalvador con Jesús en la obra de expiación; y la segunda, decir que Satanás será aniquilado (vea Apocalipsis 20:10).

Esos dos machos cabríos representan o tipifican las dos fases de la expiación de Cristo:
— Expiación por la muerte: Romanos 3:24-26; 1 Pedro 2:24.
— Remoción por el perdón: Salmo 102:3, 12; Isaías 43:25.

Para reforzar su doctrina sobre la expiación, los sabatistas presentan otra idea errónea más acerca de la purificación del santuario, que veremos más adelante.

4. *El sábado* — Dice la señora White que en una visión contempló el arca en el cielo. En el arca vio las dos tablas de piedra que contenían los Diez Mandamientos. En la visión, el cuarto mandamiento se destacaba sobre los demás, circundado por una aureola de luz. Veremos también más adelante algunos detalles acerca del sábado. . .

Recuento histórico

Guillermo Miller, campesino bautista, después de obtener una licencia para predicar (aun cuando tuviese muy buena voluntad, era ignorante y de poca instrucción), tomó Daniel 8:13, 14 y se dedicó a enseñar que las 2300 tardes y mañanas son 2300 años. Sumó 2300 al año 457 a.C., fecha en que Esdras llegó a Jerusalén procedente de Babilonia, y halló el año 1843 d.C. Después comenzó a predicar que Cristo volvería a la tierra en ese año, y esa enseñanza se convirtió en la base de su predicación. De ahí el título de "adventista" ("advenimiento", llegada). Como tal cosa no sucedió, Miller alegó un error de cálculo por haber usado el calendario hebraico en vez del romano, y marcó una nueva fecha para el 22 de octubre de 1844. Después de decepcionarse otra vez, Miller tuvo que huir de una multitud enfurecida y frustrada por la vana espera. El campesino cesó en sus actividades, desistió de la nueva religión y, según algunos volvió a la comunión de su iglesia. Miller fue el precursor del movimiento sabatista, a pesar de que él nunca enseñó que hubiera que guardar el sábado, tal como lo enseñan los sabatistas, pero sí enseñó que los hombres están todavía sujetos a la Ley. Vea Mateo 24:36; Lucas 16:16; Hechos 1:7; Gálatas 4:4, 5, 30, 31.

De entre los adeptos de Miller surgió la señora Hellen G. White, que llegó a ser la profetisa y papisa de los sabatistas. En medio de aquel ambiente de confusión que reinaba en torno a Miller y la enseñanza del advenimiento, aparece la señora White, y con gran sutileza busca darle una explicación a lo que había acontecido, remediando la situación con la teoría del "Santuario". Empezó a enseñar que el santuario de Daniel 8:13, 14 está en el cielo y no en la tierra. Cristo vino el 22 de octubre de 1844 a ese santuario del cielo para purificarlo, y todavía lo está haciendo. Después sí vendrá a la tierra.

La señora White fue a buscar a Miller para trasmitirle las "buenas nuevas", pero, cuando salido del movimiento, Miller no las aceptó. La señora White, todavía cuando Miller predicaba la venida de Cristo para el año 1843, tuvo una visión, que cuenta en su libro "Dones espirituales" con las siguientes palabras: "He aquí que vi que Dios estaba proclamando el tiempo para 1843."

Habiendo amenizado el problema con la doctrina del santuario, marcó otras fechas, tales como los años 1847, 50, 52, 54, 55, 66, 67, 68, 77, etc., ¡y nunca vino Cristo!

Doctrinas falsas

Como ya quedó claro anteriormente, los sabatistas mezclan algunas verdades con sus abundantes errores. De ahí que pueden engañar a los que con sinceridad se lanzan en busca de la verdad. Por lo general citan la Biblia, aunque sin el cuidado de examinar el contexto. Las interpretaciones que hacen acerca de las profecías y las doctrinas, chocan contra la hermenéutica y la exégesis. No respetan las reglas establecidas por éstas, y creen en lo que quieren creer, sin aceptar el diálogo.

Consideran que los libros de la señora White son "inspirados" por Dios y están al mismo nivel que la Biblia, la que citan tan sólo para comprobar lo que enseñan, buscando versículos o pasajes aislados. El libro "El conflicto de los siglos" es considerado la obra maestra de la señora White, y es grandemente recomendado. Ese libro ya ha sido editado en 31 lenguas, con cerca de 2,000,000 de ejemplares vendidos. Entre otras obras de la señora White, las más importantes son: *Vida de Jesús, Patriarcas y Profetas, Vereda de Cristo, El Deseado de todas las naciones*, etc.

Mantienen un servicio de hospitales muy bueno, y su publicación de mayor circulación es: "El heraldo de la Salud." Para divulgar sus escritos, los sabatistas tienen un gran número de colportores, que venden libros de excelente encuadernación de casa en casa, que se identifican sólo como representantes de una Casa de Publicaciones. No se identifican con facilidad como "Adventistas del séptimo día".

Este grupo ha usado a través de los tiempos, los siguientes títulos:

— Iglesia Cristiana Adventista (1855).
— Adventistas del Séptimo Día (1860).
— Unión de la Vida y Adviento (1864).
— Iglesia de Dios Adventista (1866).
— Iglesia de Dios Jesucristo Adventistas (1921).
— Iglesia Adventista.
— Iglesia Adventista Reformada.
— Iglesia Adventista de la Promesa.
— Iglesia Adventista del Séptimo Día (actual).

Existen otros grupos, tales como la Iglesia Adventista de la Promesa, la Iglesia Adventista del Pacto, etc.; con todo, la más importante es la Iglesia Adventista del Séptimo Día, conocida como *sabatista*.

La teoría del santuario — Esa teoría dice que Jesús entró el 22 de octubre de 1844 en el santuario del cielo para purificarlo. Todavía lo está haciendo; después vendrá a la Tierra.

La obra actual de Cristo es la intercesión y no la purificación, Hebreos 1:3; 9:24. Cristo entró en el santuario del cielo cuarenta días después de su muerte y resurrección. El santuario celeste no puede estar "sucio", y el trabajo de purificación ya terminó (Hebreos 1:3). En el Antiguo Testamento vemos que los sacerdotes no se sentaban cuando ministraban. La prueba de que Cristo ya terminó su trabajo en cuanto a salvación, sacrificio, etc., es que El está sentado (Hebreos 8:1). Su trabajo de ahora consiste tan sólo en interceder por los santos (Hebreos 7:25). Vea también Hebreos 1:3.

La ley moral y la ley ceremonial — Para su conveniencia, los sabatistas dividen la Ley en *moral* y *ceremonial*. Le llaman al Decálogo "ley moral" y a lo restante, "ley ceremonial".

Enseñan que la ley ceremonial fue abolida por Cristo, pero la ley moral permanece. No se encuentra tal distinción en la Biblia. En varios pasajes bíblicos se llama "Ley" tanto a lo que está en el Decálogo como lo que se encuentra en el resto:

Romanos 7:7 — pasaje sobre el Decálogo.

Lucas 24:44 — El Pentateuco es llamado "Ley de Moisés"

Mateo 12:5 — pasaje sobre Números.

Mateo 22:36 — Jesús no preguntó: "¿De cuál Ley?"

Juan 10:34 — Aquí Jesús cita un pasaje del Salmo 82:6 y lo llama "Ley".

La parte más importante de la Ley no es el Decálogo, al cual llaman "ley moral" (Mateo 22:35-40). Ninguno de los dos mandamientos se halla en el Decálogo.

El primero: Deuteronomio 6:5.

El segundo: Levítico 19:18.

¡Jesús afirma que toda la *Ley* depende de estos dos mandamientos!

Afirman que la "ley ceremonial" fue abolida. Sin embargo, está repleta de preceptos morales que nos gobiernan. Dicen que todo lo que no sea Decálogo es ley ceremonial. Cuando les decimos que el Decálogo fue abolido, enseguida nos preguntan: "¿Entonces, ahora podemos matar, robar, codiciar?" Dicen que la Ley Ceremonial fue abolida; sin embargo, mientras vivamos aquí tendremos que observar cosas como:

— "Santos seréis." (Levítico 19:2)

— "No tuerzas el derecho." (Deuteronomio 16:19)

— "Perfecto serás." (Deuteronomio 18:13)

— "No seguirás a los muchos para hacer mal." (Exodo 23:2)

— "No te vengarás, ni guardarás rencor." (Levítico 19:18)

La Aniquilación de Satanás — Apocalipsis 20:10.

El sueño después de la muerte — Enseñan que después de la muerte el espíritu, que no es una personalidad sino tan sólo un "aliento de vida", desaparece juntamente con el cuerpo. Vea Lucas 16:19-31; Hechos 7:59, 60; 2 Corintios 5:1-8.

El aniquilamiento de los impíos — Los sabatistas enseñan que, cuando los hombres resuciten — tanto los justos como los impíos — los justos recibirán la vida eterna por Jesús (justos son aquellos que guardaron el sábado y los otros nueve mandamientos) y los impíos serán juzgados y lanzados en el infierno.

— *Muerte y separación son cosas distintas al aniquila-miento.*

— *Muerte física* es la separación del espíritu y el cuerpo.

— *Muerte espiritual* es la separación del espíritu y Dios.

— *Muerte eterna* es la separación para siempre o exclusión del espíritu que se halla en el cuerpo resucitado, de la presencia e influencia de Dios.

(Ver Génesis 2:17; 1 Timoteo 5:6; Efesios 2:1; Lucas 15:32.)

El castigo de los impíos es de duración eterna — Isaías 33:14; Daniel 12:2; Mateo 25:41, 46; Marcos 9:42-48; 2 Tesalonicenses 1:8, 9; etc.

Los sabatistas se pierden en interpolaciones desordenadas en la interpretación de las profecías. No vale la pena comentar, debido a la confusión que se hacen en sus enseñanzas acerca de los libros de Daniel, Ezequiel y Apocalipsis. Este último es el que más "tuercen" o desvirtúan.

Como que el punto más fuerte de su enseñanza es el *sábado*, nos detendremos más en lo referente a la enseñanza y refutaciones que están a nuestro alcance.

La observancia del sábado — Los sabatistas insisten en el hecho de que la observancia del sábado debe ser guardada por todos los hombres de la tierra. Vemos en Deuteronomio 5:15 que Dios ordenó la observancia del sábado en memoria o recuerdo de la liberación del pueblo de Israel de Egipto. Esto demuestra que la institución del sábado es exclusivamente israelita. Ahora pues, si fue en memoria de algún hecho, no podrían haberlo guardado antes de que tal hecho hubiera acontecido. Por tanto, este pasaje no prueba que el sábado fuese observado antes de haberle sido dado a Israel en Egipto (Exodo 20:1).

En la introducción de su opúsculo, el reverendo Matta describe lo siguiente: "Había 11 semanas de 8 días en el calendario bíblico. La semana era móvil. Cada año las fechas estaban siempre en el mismo día de la semana, en virtud de que los sábados "enteros" y los ceremoniales hicieron móvil a la semana. No interesa precisar el día a partir del cual eran contados los sábados enteros. Según unos, comenzaban a partir del día siguiente al sábado ceremonial de la Pascua; según otros, a partir del sábado de la semana de los ázimos. Lo que sí es cierto es que esos sábados enteros eran intercalados en las semanas.

"Teniendo en cuenta la variedad de sentido del verbo *taman*, de donde viene el radical *tonsin*, el cual fue empleado por Ezequiel en el cap. 22, v. 15 de su libro con el sentido de remover, creemos que podríamos considerar que los "sábados enteros" son sábados móviles: en cada una de las siete semanas cada uno de ellos pasaba para el día semanal siguiente.

"Así se sucedían:

1	7	7	6	5	4	3	2		1	2	3	4	5	6	7
2	1	7	7	6	5	4	3		1	2	3	4	5	6	7
3	2	1	7	7	6	5	4		1	2	3	4	5	6	7
4	3	2	1	7	7	6	5		1	2	3	4	5	6	7
5	4	3	2	1	7	7	6		1	2	3	4	5	6	7
6	5	4	3	2	1	7	7		1	2	3	4	5	6	7
7	6	5	4	3	2	1	7		1	2	3	4	5	6	7

De aquí la confirmación de que todos los días de la semana podían ser sábados.

"Cada día de la semana tenía todos los números, del 1 al 7. En uno de los 7 se trabajaba; en el otro, se descansaba. Génesis 2:2. Eran dos 7 sucesivos: un día de 48 horas, dado que el punto inicial o de procedencia era incluido: del 0 al 7 uno, y del 7 al 0, uno también, pero con número positivo en cada uno. Evidentemente se presentan como dos; en este caso, 7,7. En uno de ellos Dios trabajó y en el otro descansó. Así hizo Jesús cuando terminó su obra redentora: el sábado, trabajó en su propia resurrección; el domingo, el segundo sabado, o segunda parte de un día de 48 horas, descansó apareciéndose a los discípulos.

"Los sabatistas descansan en el primero de los dos 7, en que Jesús trabajó en la creación y en la resurrección; nosotros, los cristianos, en el segundo de los dos 7, en que Jesús descansó de ambas obras.

"Notemos que Moisés no mandó contar semanas, sino sábados. Semana es *chabua* y sábado, *shabbath*. Tenían que contar siete *shabbathôth* y no siete *chabuim*. En verdad, al constituir un día doble, las dos partes se completaban recíprocamente. Una era el complemento de la otra. Eran así siete sábados enteros o completos. *Todos los días de la semana eran sábado.*" (Rev. Matta)

Algunas razones por las que guardamos el segundo sábado

1. Jesús resucitó de entre los muertos el primer día de la semana (Juan 20:1).
2. Jesús se les apareció a diez de sus discípulos en aquel primer día de la semana (Juan 20:19).
3. Jesús esperó una semana, y en el otro primer día de la semana se les apareció a los once discípulos (Juan 20:26).
4. La promesa de la venida del Espíritu Santo se cumplió el primer día de la semana. Era el día de Pentecostés que, por Ley, caía siempre en el primer día de la semana (Levítico 23:16).
5. En el mismo primer día de la semana fue predicado por el apóstol Pedro el primer sermón evangelístico sobre la muerte y resurrección de Jesús (Hechos 2:14).
6. En ese primer día de la semana tres mil conversos se unieron a la primera iglesia neotestamentaria (Hechos 2:41).
7. En el mismo primer día de la semana fue administrado por primera vez el baustismo cristiano en el nombre del Padre, y del Hijo, y del Espíritu Santo (Hechos 2:41).
8. En Troas los cristianos se reunían para el culto el primer día de la semana (Hechos 20:6,7).
9. Pablo instruyó a los cristianos de Corinto que hicieran contribuciones el primer día de la semana (1 Corintios 16:2).
10. El primer día de la semana Cristo se reveló al apóstol Juan en la isla de Patmos (Apocalipsis 1:10).

Veinte razones por las cuales no guardamos el sábado

1. El sábado forma parte de un convenio o pacto entre Dios y

el pueblo israelita (Exodo 20:1; 19:1 al 24:8; Romanos 2:14).

2. Antes del convenio del Sinaí, Dios no le ordenó a nadie que guardase el sábado (Génesis 3:16).

3. El sábado era un pacto perpetuo para todas las generaciones de los judíos. El pacto era bilateral; sólo tenía validez con el cumplimiento de ambas partes (Exodo 20:1, 2).

4. El sábado consta en el Decálogo, y éste no es la parte más importante de la Ley de Dios (Mateo 22:36-40; Marcos 12:28-31).

5. La palabra "ley" en ninguna de las 400 veces que aparece en la Biblia, se refiere únicamente al Decálogo (Gálatas 3:10; 5:3, 4).

6. Los Diez Mandamientos son tan sólo un resumen de la Ley (Mateo 22:40; 1 Corintios 14:34).

7. El sábado no es una institución perpetua (Exodo 12:14; 31:16, 17; Levítico 23:21).

8. Dios aborrece el sábado (Isaías 1:13, 14), porque implica un precepto ceremonial, carente de la verdadera fe (Marcos 9:2, 13; Gálatas 2:19).

9. En el calendario actual, en concordancia con el calendario bíblico antiguo, el sábado no es un día fijo (Génesis 2:2).

10. Jesús fue la última persona que tuvo la obligación de guardarlo (Mateo 5:17; Juan 5:16; Romanos 15:8; 2 Corintios 3:14; Gálatas 2:14-17; 4:4).

11. El sábado formaba parte de la Ley, y ésta fue abolida totalmente por Cristo (2 Corintios 3:3-14; Colosenses 2:14, 16, 17; Hebreos 7:18).

12. Estamos en un nuevo convenio (Génesis 12:3; Romanos 8:1, 2; 1 Corintios 14:33; Gálatas 3:17; Hebreos 8:6-13).

13. En el nuevo convenio bajo el cual estamos, no existe mandamiento de guardar el sábado, pero sí encontramos todos los demás del Decálogo:

Mandamientos	A.T.	N.T.
Primero:	Exodo 20:2, 3	Hechos 17:23-31; 1 Corintios 8:4-6
Segundo:	Exodo 20:5, 6	Juan 5:21
Tercero:	Exodo 20:7	Santiago 5:12
Cuarto	Exodo 20:8-11	?
Quinto:	Exodo 20:13	Efesios 6:1-3

Sexto:	Exodo 20:13	Romanos 13:9
Séptimo:	Exodo 20:14	1 Corintios 6:9, 10
Octavo:	Exodo 20:15	Efesios 4:28
Noveno:	Exodo 20:16	Colosenses 3:9; Santiago 4:11
Décimo:	Exodo 20:17	Efesios 5:3

14. Jesucristo, nuestro Salvador, nunca mandó a nadie guardarlo.

15. El apóstol Pablo era apóstol de los gentiles, y no obstante haber dicho que todo lo que era provechoso, él lo enseñaba y que había anunciado todo el consejo de Dios, nada enseñó acerca de guardar el sábado (Hechos 20:20, 27).

16. Los grandes acontecimientos del cristianismo tuvieron lugar en domingo (Mateo 28:1, 8-10; Marcos 16:9-16; Lucas 24:1, 5, 6, 13-15; Juan 20:1, 11-19, 21, 22, 26).

17. La Iglesia Primitiva guardaba el domingo. No fue instituido por el papa, ni por Constantino, como dicen los sabatistas. Constantino solamente oficializó algo que existía desde el inicio del cristianismo (Colosenses 4:13, 16; Apocalipsis 3:14).

18. Conocemos hombres santos y bendecidos por Dios que guardaban el domingo (Apocalipsis 13:16; 14:10, 11; 19:20). Vea: Tertuliano, en Africa, 200 d.C; Cipriano de Cartago, 250 d.C.; Anatolio, en Laodicea, 270 d.C., Eusebio, 324 d.C., y muchos más. Constantino oficializó el domingo en 321 d.C.

19. Los creyentes gentiles que comenzaron a guardar el sábado y otros días, en el concepto del apóstol Pablo podrían desviarse del "camino" (Romanos 14:5; Gálatas 4:10, 11).

20. No estamos ligados a un lugar o a un tiempo determinados para adorar a Dios. Jesús dejó esto bien claro (Juan 4:21-24).

Ante tan grandes verdades, sólo nos resta orar por los sabatistas, y rogar a Dios que aparte de su mente los conceptos errados que tienen sobre las doctrinas enseñadas por Cristo. También, rogar al Señor que los liberte del yugo de la Ley y los traiga a la maravillosa libertad que hay en Cristo Jesús a través del poder del Espíritu Santo.

17
Los testigos de Jehová (el russelismo)

La secta que tiene este nombre es contraria al cristianismo. Dice obedecer la Biblia y en realidad pervierte y mutila sus enseñanzas. Es anticristiana porque, además de negar la divinidad de Cristo, niega también las doctrinas básicas del cristianismo.

Los "testigos de Jehová" son maestros en el "malabarismo exegético". Usan la Biblia para atraer a los incautos, y tienen su "biblia" particular, de traducción adaptada a sus conceptos, en la cual tuercen la Palabra de Dios. La "Traducción del Nuevo Mundo de las Sagradas Escrituras", que felizmente no tiene el nombre de Biblia, está arreglada para las doctrinas que predican.

Afirman ser la única iglesia que está en lo cierto, y que todas las demás están erradas y son obra de Satanás. No son evangélicos, como muchos piensan, y el único grupo religioso que tiene alguna semejanza con ellos, es el de los adventistas, de donde salió Russel, su fundador.

Acostumbran andar de dos en dos, y prefieren las casas de los evangélicos, donde se presentan por lo común como "miembros de una sociedad de estudio de la Biblia", para iniciar el proselitismo. Su programa de adoctrinamiento comienza con la introducción de libros en las manos de las personas, que prosigue con la segunda visita, el estudio de los libros, la asistencia al Salón del Reino, la asistencia a reuniones de trabajo, la actividad en la propaganda (distribución de libros y folletos), y llega hasta el bautismo.

En sus enseñanzas mezclan verdades con mentiras y llevan

al prosélito a una gran confusión, sacándolo luego de ella con una "interpretación cierta".

Se reúnen en salones a los cuales llaman "Salones del Reino", donde dan énfasis al estudio de su literatura. Mientras que nosotros, los evangélicos, tenemos a la Biblia como única regla de fe y de práctica, y sólo apreciamos otros libros cuando éstos están en armonía con ella, los "testigos" se centran en sus libros y usan la Biblia tan sólo para ratificar sus doctrinas, lo que hacen apelando a ella con argumentos torcidos.[1]

Recuento histórico

Charles Taze Russel, nacido en 1852 en Pensilvania, Estados Unidos, fue criado en la Iglesia Presbiteriana. Después fue miembro de la Iglesia Congregacional e ingresó en la Iglesia Adventista, abandonándola poco tiempo más tarde. En 1872, Russel consiguió reunir un grupo de discípulos. Sin título alguno, diciéndose conocedor de las lenguas originales de la Biblia, y denominándose "pastor Russel", reunía a sus discípulos para estudiar la Biblia en forma regular.

En 1874 el grupo recibió el nombre de Torre de Vigía de Sion, y después, Aurora del Milenio, Asociación del Púlpito del Pueblo (1909), Asociación Internacional de los Estudiantes de la Biblia (1914), Sociedad de Tratados de la Torre de Vigía, Sociedad de la Biblia y Tratados de la Torre de Vigía (título oficial), Testigos de Jehová (1931 — título común), Sociedad del Nuevo Mundo, y Russelistas (así llamados por ser seguidores de Russel).

Russel fue un hombre de historia turbulenta. Se casó en 1879. Compareció varias veces ante los tribunales, inclusive por demandas promovidas por su esposa, cuando la situación se tornó intolerable. Ella, no pudiendo ya soportar sus malos tratos y su régimen de prepotencia, lo abandonó y en 1913 se divorció de él. Fue llevada a ese punto, según se afirma, no sólo debido al régimen de tiranía que había en la casa, sino también por la actuación inmoral de Russel con su empleada Rose Ball. Otra de sus actuaciones repulsivas era que solía inducir a los moribundos a que donaran bienes a la organización russelista. Se vio muchas veces en apuros con la justicia debido a escándalos financieros.

Después de la muerte de Russel, Joseph Franklin Ruther-ford, nacido en 1896 y abogado practicante, tomó la dirección de la secta, y la dejó solamente en su muerte, ocurrida en 1942. El sucesor de Rutherford, Nathan H. Knorr, murió a edad avanzada en 1977, siendo sustituido por el actual presidente, Frederick W. Franz.

En textos como 1 Timoteo 4:1-6; 2 Pedro 2:1 y 3:17, Dios advierte a su pueblo contra tales personas. Nosotros, los cristianos evangélicos, que fuimos hechos hijos de Dios al descender el Espíritu Santo a nuestro corazón, somos los verdaderos testigos de Cristo (Hechos 1:8 y ss.).

Otros datos

Los "testigos de Jehová" ponen mucho énfasis en la divulga-ción de sus escritos. Tienen una emisora, una editorial y un instituto bíblico en Nueva York. Las revistas *Despertad* y *Centinela* son publicadas, juntamente con el librito *La verdad que conduce a la vida eterna*, en más de 80 idiomas.

En la revista *Atalaya* del 15 de septiembre de 1910, aparece la siguiente declaración de Russel acerca de sus libros: "Los seis tomos de los *Estudios en las Escrituras* constituyen prácticamente la Biblia. No son meramente un comentario acerca de la Biblia, sino que son prácticamente la propia Biblia... No se puede descubrir el plan divino tan sólo estudiando la Biblia. Si uno pone de lado los Estudios, aun después de familiarizarse con ellos... y se dirige tan sólo a la Biblia, a los dos años vuelve a las tinieblas... y si se dirige a los *Estudios en las Escrituras* con sus citaciones, aun cuando no haya leído tan siquiera una página de la Biblia, al cabo de los años estará en la luz."

Entre otros libros, que se publican sin nombre de autores, encontramos los siguientes:

— Traducción del Nuevo Mundo de las Sagradas Escrituras (Biblia de edición particular).
— Estudios en las Escrituras (base de sus doctrinas; fueron escritos los seis primeros volúmenes por Russel y el séptimo, "El misterio consumado", por Rutherford).
— Sea Dios verdadero. — Contiene gran parte de sus falsas enseñanzas.
— La verdad que conduce a la vida eterna. — Librito que es publicado en 84 idiomas; se han impreso hasta ahora 59 millones de ejemplares. Es el libro usado para los estudios que se hacen en las residencias.
— Estas buenas nuevas del Reino. — Resumen de las doctrinas de la secta.
— Del paraíso perdido al paraíso restaurado.
— La verdad os hará libres, Religión, Salvación, Enemigos, Jehová, Aprobados para el ministerio, y otros. . .

Sus libros son vendidos a precios accesibles. Tienen buena encuadernación, hecha casi siempre en vynil, aunque el papel usado para el texto no es de buena calidad. Algunos de esos libros están muy bien ilustrados con diseños en blanco y negro o en colores.

Los "testigos", bajo una constante presión y con un miedo mortal de ser rebajados a la clase de "siervos malos" por no vender cantidad suficiente de literatura, se lanzan por las plazas, las calles y las casas, a fin de propagar su literatura.

Falsas enseñanzas

Russel, que consideraba a Guillermo Miller, fundador del adventismo, un gran maestro, heredó de los sabatistas la tendencia a fijarles fechas a los sucesos bíblicos. Creó un sistema complejo de doctrinas, ya corregidas en algunos puntos por sus sucesores. Aun así no vale la pena hacer muchos comentarios al respecto. Citaremos a continuación — con la intención de tener aunque sea una idea de sus enseñanzas —

algunas doctrinas en las cuales los "testigos" insisten más, con el propósito de poner sobre aviso a los que muchas veces inconscientemente andan en busca de la verdad.

Sobre la Trinidad — Dicen que la doctrina de la Trinidad es una superstición heredada del paganismo egipcio y babilónico. "Estudios. . ."; "Sea Dios verdadero"; y otros.

Refutación bíblica — Génesis 1:26, *Elohim* es plural e indica más de una persona. Vea además: Nehemías 9:6; Job 26:13; Salmo 80:5; 143:10; Juan 1:3; Hechos 5:3, 4; 2 Corintios 10:1; Efesios 1:19; Filipenses 3:21; Hebreos 13:8.

La divinidad de Cristo — Niegan que Jesucristo sea Dios. Afirman que es un ser creado como lo son los ángeles y el hombre. Dicen que Dios creó a Jesús *como* hijo, y entonces lo usó como socio. . . "Sea Dios verdadero", "Nuevo mundo". Vea Juan 1:1-3; 10:30; Romanos 9:5; Colosenses 2:9; Hebreos 1:3; 13:8; y otros pasajes.

El Espíritu Santo — Dicen que el Espíritu Santo es un poder o una influencia de Dios para ejecutar su voluntad. Es la fuerza activa invisible del Todopoderoso, o un fluido que emana de Jehová Dios.

Sabemos que el Espíritu Santo es una persona de la Trinidad y es, por tanto, Dios. Las referencias bíblicas siguientes nos lo prueban:

> El Espíritu Santo obra como persona: habla (Hechos 8:29); intercede (Romanos 8:26, 27); se entristece (Efesios 4:20); da órdenes (Hechos 16:6, 7; 13:2); tiene voluntad (1 Corintios 12:11); ama (Romanos 15:30); convida (Apocalipsis 22:17); puede ser resistido (Hechos 7:51). Vea además: Salmo 139:7; Lucas 3:21, 22; Hechos 5:3, 4; 10:19, 20.

NOTA — El significado de la palabra *persona* para nosotros es una cosa muy diferente de lo que significaba para la Iglesia Primitiva. El cambio de significado es lo que causó toda la confusión en torno a la Trinidad. El cambio de significado de algunas palabras es común en todos los idiomas. La palabra *iglesia* es un ejemplo. Al principio era solamente una reunión de miembros del parlamento griego; hoy se puede referir a un templo. La palabra griega *prósopon*, persona, en griego tiene el sentido siguiente: apariencia, aspecto exterior visible de un ser humano, de un animal o de una cosa. Por consiguiente, cuando los Padres de la Iglesia llamaron "personas" al Padre, al Hijo, y al Espíritu Santo, estaban diciendo que estos tres eran manifestaciones o revelaciones que Dios hacía de sí mismo al mundo, y por medio de las cuales el mundo puede ver a Dios y saber lo que era Dios.

La patria — Los "testigos de Jehová" se niegan públicamente a servir a la patria, saludar la bandera y cumplir otros deberes que la patria nos impone. Afirman que es un acto de idolatría. Esa posición ha puesto a los "testigos" de vez en cuando en conflicto con los tribunales.

Las transfusiones de sangre — El librito *Sangre, medicina y la Ley de Dios,* es una apología de la posición que asumen contra la transfusión. Citan textos como Génesis 9:3, 4; Levítico 3:17; Deuteronomio 12:23-25; 1 Samuel 14:32, 33; Hechos 15:28, 29. Afirman que, por ser la sangre *el alma,* no se la podemos pasar a otra persona, pues desobedecemos al mandamiento de amar a Dios con toda el alma.

La palabra *alma* en hebreo es *nephesh* y en griego, *psyjé,* y en las Escrituras tiene cinco significados:

1. Alma como *sangre* — Levítico 17:14; Deuteronomio 12:23. Vea 1 Corintios 15:50.
2. Alma como *persona* — Génesis 46:22, 27.
3. Alma como *vida* — Levítico 22:3.
4. Alma como *corazón* — Deuteronomio 2:30.
5. Alma como *alma* — El alma es el centro de la vida moral del hombre; es responsable y será juzgada. No la confundamos con el *espíritu,* que es el centro de la vida espiritual. Vea la diferencia: Job 12:10; 1 Tesalonicenses 5:23; Hebreos 4:12. Alma: Mateo 10:28; Hechos 20:10; 1 Pedro 2:11.

La muerte — A la pregunta: "¿A dónde van las almas de los

que mueren?", los "testigos de Jehová" responden enfáticamente: "A ninguna parte, pues no existen." La existencia del alma ya la vimos en el punto anterior. Veremos que, con la muerte del hombre, su alma toma un destino inmediato. En esto debemos tener en cuenta lo siguiente:

Según los originales hebreo y griego, a través del uso de las palabras *gava, teleute, mavet, anairesis, muth* y *thánataos*, la palabra *muerte* tiene el significado siguiente: expirar, dar el último suspiro, llegar al fin o término de todo en esta vida, una separación entre el cuerpo y el alma, y una elevación o levantamiento a otro nivel de vida.

A través de los textos de la Biblia, conocemos cinco clases de muerte. Veamos:

1. *Muerte espiritual* — Es la separación entre el espíritu humano y el Espíritu de Dios; fue causada por el pecado. Génesis 2:17; 1 Corintios 15:22; Efesios 2:1.
2. *Muerte en herencia* — Se trata de la muerte de Cristo al pecado, que es heredada por aquellos que entran en la familia divina. Juan 1:12. Vea 2 Corintios 5:14, 15.
3. *Muerte al pecado* — Habla de la muerte personal, real, que el hombre experimenta cuando se rinde total y absolutamente a Cristo. Vea Romanos 6:2, 12; 1 Pedro 2:24.
4. *La "segunda muerte"* — Esa muerte es la muerte del alma, y significa "separación". Es la muerte reservada a todos los hombres que no hayan aceptado a Cristo como su Salvador y perseveren en la impiedad hasta la muerte física. Apocalipsis 21:8.
5. *La muerte física* — Es la muerte del cuerpo. Hebreos 9:27. La supervivencia del alma después de la muerte del cuerpo es algo lógico. . . Lucas 16:19-31; 23:42, 43; Hechos 1:25; 7:59; Filipenses 1:21; Hebreos 12:22, 23; Apocalipsis 7:9, 14.

El infierno — Algunas veces dicen que el infierno es este mundo; otras, que el infierno es la muerte o sepultura. No tienen certeza del lugar a donde van, y niegan el infierno por miedo a la realidad que encierra. "Reconciliación", "Sea Dios verdadero", "Esas buenas nuevas. . ." (1 Samuel 2:6; 2 Samuel

22:6; Salmo 45:15; 55:15; Ezequiel 32:21; Oseas 13:14; Mateo 8:2; 2 Tesalonicenses 1:8).

La historia del rico y de Lázaro habla del *Seol*, donde estaban el paraíso (Seno de Abraham) y el lugar de tormentos. Con la resurrección de Jesús, el paraíso fue transferido a las regiones celestiales (Mateo 12:39, 40; Juan 14:2; Efesios 4:8; 1 Pedro 3:19).

La segunda venida de Cristo — Ezequiel 37:13, 14; Mateo 16:27; Hechos 1:11; 2 Tesalonicenses 1:7-10; Apocalipsis 1:7.

Los "testigos de Jehová" dicen que la Segunda Venida de Cristo aconteció en el año de 1914. Como no sucedió después de 1914 lo que la Biblia dice acerca de la venida de Cristo, dicen que "aunque el Reino asumió el poder en 1914, Jehová no destruyó inmediatamente. . ." "Jehová es tardo con respecto a su promesa. . ."

Consultemos las siguientes referencias: Mateo 24:27; 1 Tesalonicenses 4:13-17; 2 Tesalonicenses 1:7, 8; Apocalipsis 1:7; y muchas otras.

Los 144,000 — Russel comenzó enseñando que solamente irían al cielo los "testigos de Jehová" fieles (sus seguidores de aquella época). Cuando se hubieran completado 144,000 adeptos fieles, el "rebaño" de Dios estaría listo. Sucede que la secta creció más de lo que su fundador se había imaginado, y el total de adeptos superó ese número. Fue fácil conciliar las cosas. . . En 1935 Rutherford presentó la "Doctrina de la gran multitud", que se resume en lo siguiente: 144,000 son los siervos escogidos para reinar con Cristo en el reino celeste. Los demás "testigos" vivirán aquí en la tierra bajo el dominio de Cristo y de su Iglesia del cielo. Los 144,000 — llamados también "el pequeño rebaño"— forman la única Iglesia verdadera. Los que queden en la tierra, no serán considerados como "Iglesia" ("Sea Dios verdadero").

La Palabra de Dios no hace discriminación en la eternidad entre los salvos. Vea Juan 14:1-3; 17:24; 1 Corintios 15:51, 52; Apocalipsis 3:21.

Podríamos seguir describiendo sus enseñanzas, refutándolas con la Palabra de Dios. Con todo, no nos interesa mucho tener un conocimiento profundo de lo que ellos enseñan, porque ninguna cosa es aprovechable, ni sirve para nuestra edificación. El creyente estudioso de la Palabra de Dios sabrá refutarlo en cualquier momento con el uso de la Palabra, como acostumbraba hacerlo Jesús.

Creemos que esta pequeña exposición de sus enseñanzas ya ha sido suficiente para enterarnos del peligro que esta secta representa para el mundo y, sobre todo, para la veradera Iglesia de Dios, a la que atacan y hacen blanco de su proselitismo. Conviene que los creyentes, los verdaderos testigos de Jesús, se preparen y sean propagadores del Evangelio genuino de Jesucristo.

Muchas personas bien intencionadas aceptan el ingreso en la secta, pensando que se están volviendo creyentes. No saben diferenciar la oveja del lobo disfrazado de oveja. Nos toca a nosotros ponerlos sobre aviso (Mateo 7:15; Hechos 20:29).

Por qué los llamados "testigos" de Jehová" no son cristianos

— No creen en Jesucristo como la Biblia lo presenta. Niegan su divinidad y no reconocen su verdadera misión. No existe ni un solo "testigo de Jehová" que se reconozca pecador perdido y necesitado de un Salvador sobrenatural. Dicen que Jesús era un hijo de Dios, que fue usado tan sólo como socio suyo. . . ("Sea Dios verdadero").

Vea lo que dice la Biblia: Juan 1:1-3; 10:30; Romanos 9:5; Colosenses 2:9; Hebreos 1:3; 13:8.

— Dicen que el Espíritu Santo es un poder o influencia de Dios para ejecutar su voluntad. Es una fuerza o un fluido que emana de Jehová; es semejante a la brisa o al viento ("Sea Dios verdadero").

Esto está totalmente en desacuerdo con la Biblia y con Cristo. No pueden ser considerados cristianos los que no concuerdan con Cristo, pues El mismo dijo que el Espíritu Santo habla (Marcos 13:11) y enseña (Lucas 12:12).

Es fácil probar que el Espíritu Santo es una persona. Veamos: El Espíritu Santo habla (Marcos 13:11; Hechos 8:29); intercede (Romanos 8:26, 27); se entristece (Efesios 4:20); da órdenes (Hechos 13:2; 16:6, 7); tiene voluntad (1 Corintios 12:11); ama (Romanos 15:30); convida (Apocalipsis 22:17);

puede ser resistido (Hechos 7:51). Vea además: Salmo 139:7-12; Lucas 3:21, 22; Hechos 5:3, 4; 10:19, 20.

— No creen en la Segunda Venida de Cristo conforme El la anunció y toda la Biblia la declara. Dicen que Jesucristo vino en 1914 y que, aunque no haya tomado ninguna actitud inherente a su venida, creó la *clase del siervo*, que comenzó a funcionar en 1918, estableciendo la Teocracia en la tierra ("La verdad que conduce a la vida eterna", "Sea Dios verdadero").

¿Estableció Jesucristo fechas? Vea Hechos 1:7.

¿Cómo pueden los "testigos de Jehová" ser cristianos, si no aceptan también las enseñanzas de Cristo y de la Biblia acerca de su Venida?

Doce razones por las cuales Cristo viene otra vez

1. Para consumar la salvación de los fieles (Mateo 10:22; Hebreos 8:28; 1 Pedro 1:5).
2. Para resucitar a los muertos, vestir los cuerpos de incorruptibilidad y transfigurarlos (1 Corintios 15:35-55).
3. Para juzgar a todos, castigar a los malos y recompensar a los buenos (2 Tesalonicenses 1:6-10; Mateo 25:31-46).
4. Para hacer juicio contra las naciones (Isaías 51:5; Salmo 96:10).
5. Para manifestar las intenciones de los corazones (1 Corintios 4:5).
6. Para traer a la luz las cosas ocultas, explicar todos los misterios y vindicar la sabiduría, el amor y la justicia de Dios (1 Corintios 4:5).
7. Para ser glorificado en sus santos y hacerse admirable en aquel día en todos los que creyeren (2 Tesalonicenses 1:10).
8. Para arrebatar a su Iglesia en las nubes (1 Tesalonicenses 4:7).
9. Para destruir al Anticristo (2 Tesalonicenses 2:8).
10. Para destruir a Satanás, a la Bestia y al Falso Profeta, a todos los ángeles rebeldes y a la propia muerte (Judas 6; Apocalipsis 19:20; 20:10).
11. Para restaurar todas las cosas (Hechos 3:21).
12. Para reinar omnipotente en su Reino eterno. (Daniel 7:14; Apocalipsis 11:15).

No creen en la Trinidad. Dicen que nosotros, los evangélicos, sacamos la doctrina de la Trinidad "de los antiguos babilonios y de otras mitologías" (Sea Dios verdadero).

El último ataque que lanzan contra la Trinidad es que nosotros la apoyamos en un solo texto, el de 1 Juan 5:7. Y argumentan que el tal texto es espurio, que no figura en los manuscritos más antiguos del Nuevo Testamento, etc. Veamos otros textos bíblicos que prueban categóricamente la Trinidad:

a) El primer tipo de prueba son las múltiples declaraciones bíblicas con relación a los TRES NOMBRES DISTINTOS con que se presenta la divinidad.
   — El hecho de no existir en la Biblia el vocablo "trinidad", no quiere decir que ésta no exista.
   — El hecho de ser enseñada por los antiguos una trinidad semejante en algo a aquella en la que creen los cristianos, no quiere decir que ésta sea una doctrina exclusiva de ellos. Los antiguos babilonios y egipcios creían en Satanás y enseñaban sobre él, y los "testigos de Jehová" creen en él. . .
   — Consulte estos textos: Mateo 3:16, 17; 28:18-20; Juan 14:26; 2 Corintios 13:14; 1 Pedro 1:2; Judas 20, 21.

b) La palabra hebrea *Elohim*, traducida como *Dios* en Génesis 1:1, es una palabra *plural*. Veamos bíblicamente esta verdad:
   — *Hagamos. . .* (Génesis 1:26).
   — *. . .el hombre es como uno de nosotros. . .* (Génesis 3:22).
   — *"¿A quién enviaré, y quien irá por nosotros?. . ."* (Isaías 6:8).
   — ¡Aquí Jesucristo es quien está hablando! Veamos los versículos 16 y 17. Perciba cómo Jesucristo y Jehová se funden en una sola persona (Isaías 48:16).
   — La palabra ELOHIM figura más de 2200 veces en el Antiguo Testamento. ¿Por qué se usó centenares y miles de veces el término en plural, DIOSES, y no el término en singular, "Dios", para dirigirse a la divinidad? Simplemente porque Dios, que es uno, tiene una pluralidad de existencia.
   — Otra particularidad que tiene la palabra *Elohim* es

que, aunque sea plural, el verbo que la acompaña viene siempre en singular. Esto prueba que, aunque haya una pluralidad de existencia en ese Dios, ese Dios es UNO, pues si fueran varios dioses, el verbo tendría que ir indispensablemente en plural.

c) En Deuteronomio 6:4 se dice: "Oye Israel, Jehová nuestro Dios, Jehová uno es." En el singular hebreo se dice: "*Shema Yisrael, Iehová Eloheinu Iehová, Ejad.*" Literalmente, este pasaje podría ser traducido con toda propiedad: "El que era, el que es y será, es nuestro Dios." Tal vez les falte a los "testigos de Jehová" un poco de conocimiento del hebreo.

d) Las Escrituras, por otra parte, reconocen que lo que una de las personas de la Trinidad hizo, todas las demás lo hicieron también, debido precisamente a este hecho de que las Tres son Uno. Así, por ejemplo, las cosas referentes a la dirección del mundo, la salvación, el perdón, la salud física, la vida eterna, y tantas otras cosas más, se les atribuyen tanto al Padre como al Hijo y al Espíritu Santo.

e) De las tres se dice igualmente que son *poderosas* (Deuteronomio 4:37; Lucas 24:29; Filipenses 3:21; Colosenses 1:16).

f) De las tres se dice igualmente que son *eternas* (Isaías 9:6; Juan 1:1, 2; Hebreos 5:6).

g) Además, que son *llenas de sabiduría* (1 Corintios 2:10; Colosenses 2:3; 1 Pedro 1:2).

h) Finalmente, ninguna de las tres busca su propia gloria, sino la de las otras. Por ejemplo, Cristo buscaba la gloria del Padre (Juan 12:28), y no sólo la del Padre, sino la de toda la Trinidad (1 Pedro 4:11). Por otra parte, el Padre buscaba la gloria del Hijo (Juan 5:23; 17:5), y el Espíritu Santo contribuía para la gloria del Hijo (Mateo 1:20).

— El fundador de la secta que hoy se llama "testigos de Jehová", no fue Jesucristo, sino un jovencito de veinte años de edad, llamado Charles Taze Russel, que anteriormente había sido miembro de la Iglesia Congregacional y de la Iglesia Adventista. En 1872 este joven reunió en torno de sí a un grupo de discípulos y se denominó a sí mismo "Pastor Russel".

— No puede ser cristiana una secta cuyo fundador fue hombre de vida tan turbulenta. Estas cosas suelen ser escondidas de los seguidores de la secta. Sin embargo, un día todos tendrán que rendir cuentas a Dios.

Queda claro que, si los llamados "testigos de Jehová" no creen en lo que Cristo enseñó, ni en lo que la Biblia declara, es muy lógica la conclusión de que no son cristianos.

---

[1] Lea *Expulsado del Reino*, por Charles Trombley, Editorial Vida.

18
El teosofismo

Introducción

El término *teosofía* viene del griego, y significa literalmente *sabiduría divina*. La Sociedad Teosófica es una organización religiosa, aunque no lo sea en el sentido común de la palabra. Según la definición de la propia sociedad, es "una sociedad de personas de buena voluntad, de todas las razas y religiones, que luchan por mejorar las relaciones entre los individuos y las naciones. La Sociedad Teosófica se esfuerza para que las personas encuentren la verdad espontáneamente y organicen su vida en función de este descubrimiento."

Los tres objetivos principales de la sociedad son:

1) Formar un núcleo de fraternidad universal en la Humanidad, sin distinción de raza, credo, sexo, clase ni color.
2) Fomentar el estudio de la religión, la filosofía y las ciencias.
3) Investigar las leyes desconocidas de la naturaleza y los poderes latentes que hay en el hombre.

Como podemos notar, la teosofía pretende abarcar la religión, la filosofía y las ciencias, juntamente con una parte del misticismo. Presume poseer la llave del saber divino. Cuanta más sabiduría adquiere el hombre, más se aproxima a la divinidad. Dios es sabiduría: el hombre sabio podrá ser igual a Dios en otros ciclos de la existencia. Opinan que todas las religiones están solamente "comenzando".

Recuento histórico

El teosofismo es una ramificación del espiritismo; en él fue donde se originó. Sus creencias se remontan a siglos y son originarias del Oriente. La palabra "teosofía" fue usada inicialmente por un filósófo llamado Amonio Saccas, que fue maestro de Plotino. En realidad, la teosofía fue creada por las religiones paganas del Oriente, y recibió fuerte influencia de ellas. Hasta los escritos de Buda ejercieron cierta influencia sobre las doctrinas teosóficas. Su sede se encuentra en Adyar, al sur de la India.

La Sociedad Teosófica americana fue fundada en 1875 en Nueva York por una rusa, madame Helena Blavatsky. Helena Petrovna nació en Rusia en 1831. Su padre fue Peter Hahn, descendiente de una familia noble alemana. A los diecisiete años Helena se casó con el general zarista Blavatsky. El tenía algunos años más que ella, y Helena lo abandonó, tan sólo *tres meses después del casamiento.* No era una mujer tolerante y tenía un temperamento explosivo.

Se dice que Helena era médium espiritista y que estuvo durante diez años bajo el control de un demonio que decía llamarse Juan King. Poco después de abandonar a su esposo, viajó durante algunos años. Se interesó por las religiones místicas y las estudió bajo todas las formas en el Tibet, en la India, en Egipto, en América y en otros lugares. Al regresar, residió algún tiempo en Nueva York y fundó allí la Sociedad Teosófica con sólo dos hombres: el Coronel H. S. Olcott y W. O. Judge, ambos firmes creyentes de la teosofía.

Cuatro años después, Helena partió de los Estados Unidos, primero con destino a la India; después se mudó a Londres. Fue allí donde W. O. Judge dividió la sociedad en 1895. Más tarde su organización fue dividida a su vez en dos movimientos: La Fraternidad Universal y Sociedad Teosófica, y la Sociedad Teosófica de América. Judge dirigió la Sociedad Teosófica de Adyar hasta su muerte, ocurrida en 1896. Madame Blavatsky fundó también la *Escuela Esotérica de Teosofía*, en Londres. Dotada de una inteligencia autoritaria, Helena Blavatsky dirigió la Sociedad Teosófica con mano firme hasta el momento de su muerte, ocurrida el año 1891. Dejó varias obras, como Isis revelada y La doctrina secreta, considerada como divinamente inspirada y como la "biblia" de los teosofistas.

Annie Wood Besant, a quien madame Blavatsky había asociado el destino de la sociedad, dirigió la organización hasta el momento de su muerte en 1933, siendo el miembro más importante de la Sociedad Teosófica Británica, además de ejercer una gran influencia en la sede principal de la Sociedad en la India.

En 1898 fundó el Colegio Central Hindú en Benarés, India, y la Liga India, en 1916. En 1917 fue electa presidenta del Congreso indio, actuando de manera decisiva sobre la victoria política de la India. Annie Besant respetaba religiosamente las enseñanzas de madame Blavatsky, y fue siempre una discípula extremadamente dedicada. Era una mujer muy religiosa y muy mística. En 1925 afirmó que su hijo adoptivo, llamado Krishnamurti o Krishnaji, era el Mesías más recientemente encarnado. En otras palabras, era el jefe mesiánico y la Reencarnación de Jesucristo.

Después de su muerte, George Arundale y C. Yinara Yodosa asumieron la dirección de la Sociedad Teosófica.

Principios y enseñanzas del teosofismo

El teosofismo pretende ser el fundamento de todos los tipos de credos y religiones. Alega ser al mismo tiempo una religión, un sistema filosófico y una ciencia.

— Es panteísta. Dios es todo y todo es Dios. El hombre es una partícula de la divinidad metida en la materia.

— Cree en la reencarnación. El hombre, a través de encarnaciones sucesivas, volverá a la imagen divina.

— La Biblia tiene unas partes inspiradas por Dios; otras no. Algunos escritores de la Biblia escribieron por sí mismos, sin inspiración.

— Dios es conocido por iluminación especial o por intuición.

— La sabiduría verdadera se adquiere sin ningún esfuerzo personal. Es una iluminación especial dada a los que la merecen. Estos son hombres capacitados mental y espiritualmente.

— Enseña la reencarnación en forma muy diferente a la del espiritismo. Enseña que después de la muerte el hombre habita durante un período largo o corto en el cielo que llama *devachan* (palabra hindú). Aquí el hombre descansa de sus trabajos. Más tarde o más temprano surge en él el deseo de regresar a la Tierra a fin de conseguir más experiencia y dar cumplimiento a la *ley del carma*. Por medio de esta ley el hombre efectúa su salvación definitiva.

— Dios no es creador personal. "Eso sería limitar a Dios", dicen. No resiste una discusión sólida sobre ese asunto.

— La Trinidad existe tan sólo de nombre. Dios es *Fuerza*, *Sabiduría* y *Actividad*. La suma de esas personas, más la *Materia*, es Dios. La Materia — o cuarta persona divina — se llama *Madre*. Citan Lucas 1:38. Dios, en el sentido espiritual, tiene tres personas: Fuerza, Sabiduría y Actividad. En el sentido material, tiene cuatro: la cuarta persona es la materia.

— El hombre tiene dos cuerpos: uno natural y otro espiritual. El espiritual está constituido de las mismas personas que la Trinidad. Es decir, fuerza, sabiduría y actividad. El cuerpo natural es más complicado: tiene tres partes, una de ellas, doble:

1. *El cuerpo físico*, constituido por dos principios: movimiento y acción (aura).
2. *El cuerpo astral*, emociones y deseos.
3. *El cuerpo mental*, se ocupa del pensamiento.

Cada parte del cuerpo natural tiene relación con un mundo diferente. Existen tres mundos: el físico, el astral y el mental.

Cuando el hombre duerme o entra en trance, abandona el cuerpo *físico* y comienza a actuar en el cuerpo *astral*. Mientras que el espiritismo enseña que la mente del médium puede entrar en contacto con el mundo de los espíritus a través de la *telepatía* y la *clarividencia*, el teosofismo enseña que el propio hombre deja el cuerpo físico y penetra en el *mundo astral*. El mundo astral es el mundo invisible que está a nuestro alrededor, donde habitan los espíritus desencarnados.

Cuando alguien entra en el mundo astral, su cuerpo puede ser habitado por un espíritu cualquiera de ese mundo.
(NOTA: A los teosofistas no les gusta que se los llame espiritistas.)

— El cuerpo *mental* es el más importante de los tres, pues puede habitar en el mundo *mental*, que corresponde al cielo. Ese mundo está habitado por los "devas", o ángeles perfeccionados en el mundo astral.

Al hombre le es preciso alcanzar la perfección (como Buda y otros). Eso lo puede lograr con ciertas prácticas tales como el yoga, el faquirismo, el control del pensamiento, etc. El Curso Esotérico de la Comunión del Pensamiento, que se imparte en Sólo Paulo, Brasil, tiene obras referentes a ese asunto.

— Reencarnación. Cada existencia vivida en la Tierra equivale a un día en la escuela del Carma. Un elemento muy imperfecto vuelve enseguida del cielo. Se queda allí solamente unos cien años, y enseguida vuelve. Otro más perfecto se queda hasta veinte siglos allí. Un individuo puede reencarnar hasta 800 veces. . .

La muerte prematura de un niño demuestra que sus padres fueron malos con algún niño en la reencarnación anterior.

Los hombres divinos hechos perfectos, pueden habitar en el cielo o en los montes "sagrados" del Tibet. Esos hombres son llamados *mahatmas*, que significa maestros, sabios. Hay un jefe encima de todos los mahatmas, que es el Supremo *Maestro*. Cuando éste se encarna, tenemos un cristo. Siendo así, todo hombre es un cristo en potencia.

La humanidad está en la tercera raza-tronco. Cada raza de estas tuvo varias subrazas. A su vez, cada subraza llevó muchos milenios para dar lugar a la siguiente.

Primera raza — La lemuria

Segunda raza — La atlante

Tercera raza — La ariana

La humanidad actual es la quinta subraza, llamada teutónica. Publican un mapa, que dicen haber recibido de los devas, del mundo de hace 800 mil años. Dicen que la raza atlante habitó el continente del mismo nombre hace unos ochocientos mil años.

El continente *Atlante* ocupaba parte del lecho del Océano Atlántico. Había además otro continente entre la India y Australia, llamado *Lemuria*. Dicen los teosofistas que aprendieron por medios ocultos, que hace 11,500 años hubo una gran catástrofe que sumergió los mencionados continentes, llevando al fondo del mar a 64 millones de personas.

— Al iniciarse cada subraza, surge un Cristo. En otras palabras: el Supremo Mahatma del mundo se encarna en alguien. Por consiguiente, la actual raza-tronco ariana ya tuvo hasta ahora cinco cristos, o sea, cinco encarnaciones del Supremo Maestro en el mundo, y que fueron:

Buda — en la India (primera subraza).

Hermes — en Egipto (segunda subraza).

Zoroastro — en Persia (tercera subraza).

Orfeo — en Grecia (cuarta subraza).

Jesús — en Palestina (quinta subraza).

Cada subraza presta una contribución especial a la humanidad. La de la subraza actual (la quinta) es proveer al hombre *intelectual*. La de la próxima será proveer al hombre *espiritual*.

— *Si la sexta subraza está por surgir, eso significa que de aquí a poco tendremos un nuevo Cristo, que será más poderoso que nuestro Señor Jesucristo, porque será el Cristo de la subraza espiritual*, que hará la unión de todas las religiones en una sola, lo cual es una de las principales enseñanzas de la teosofía.

— Dicen que el mal está en la materia. Por otra parte, en cambio, afirman que la materia es Dios. . .

— Los ángeles son seres que, partiendo del hombre, llegaron a la perfección a través de la ley del carma.

Consideraciones finales

El teosofismo es una doctrina de demonios, según 1 Timoteo 4:1. Se levantan contra la Palabra de Dios e intenta explicar las cosas divinas a su buen parecer. También se cumple en el teosofismo lo que está escrito en 2 Corintios 4:4. El que tiene fe genuina en la Palabra de Dios y en Jesucristo, debe dar siempre gloria a Dios por no haber entregado su vida a tal práctica. Gloria a Dios por la fe que nos ha dado.

— Los teosofistas no tienen su fundamento en la Biblia (Isaías 2:6).

— La entrada en el reino de los cielos no es por reencarnación (Mateo 7:21; Juan 1:12).

— La unión de las religiones es antibíblica (Gálatas 1:8; Juan 10:11).

— La enseñanza de que Jesús y Cristo son dos personas, es diabólica (1 Juan 2:22).

- El hombre en el mundo astral es antibíblico (2 Corintios 5:1-14; Filipenses 3:21).
- La reencarnación de Cristo como el actual maestro de la subraza (Hebreos 9:26).
- La reencarnación de todos los hombres (Hebreos 9:27).
- Mahatmas y cristos que habitan en el Tibet (Mateo 24:24-26).
- Dios es quien nos liberta de los pecados y no la ley del carma (Isaías 1:18; 1 Juan 1:9).

Todas las refutaciones del espiritismo, ya estudiadas anteriormente, son aplicables a los principios teosóficos.

Recuerde: A los teosofistas no les gusta que se diga que son religiosos, y se enfurecen si se los llama espiritistas. . .

19

El Hare Krishna

Inesperadamente vemos surgir entre nosotros un grupo extraño, que tiene gran atracción, principalmente entre los jóvenes. Sus adherentes tienen sus nombres cambiados por nombres con significado hindú. Se visten de mantos anaranjados y se convierten en andarines empeñados en la venta de libros que propagan una nueva doctrina. Abandonan sus hogares y van a habitar bajo un mismo techo con los maestros y demás adeptos del movimiento.

El movimiento Hare Krishna (Sociedad Internacional para la conciencia de Krishna) es una de las muchas sectas orientales que proliferan en América Latina. Se ve que es una secta falsa cuando se la examina a la luz de la Biblia, la Palabra de Dios.

El objetivo del culto es promover "esclarecimiento espiritual" y difundir el puro amor de Dios (Krishna) en el seno de la sociedad moderna. Sus devotos siguen un ascetismo hindú tradicional y tienen un estilo de vida comunitario, en que los nuevos adeptos son sometidos diariamente a un constante lavado cerebral.

Recuento histórico

En la remota India se desarrolló a principios de nuestra Era Cristiana una nueva etapa de religión primitiva: el hinduismo. Se trataba de la más reciente revelación escriturística de aquella religión, el Bhagavad-gita, una literatura devocional presentada en forma de escenificación que tiene su comienzo en una agitada escena de batalla.

En esa escritura, el orador principal es el dios *Krishna*, que se presenta en forma de un conductor de carro. Krishna se declara la encarnación del dios Brahma, hasta entonces un dios impersonal. De ahí en adelante han aparecido varios gurús diciendo que son encarnaciones del dios Krishna. El más reciente de ellos fue el gurú A. C. Bhactivedanta Swami Prabhupada, hoy día reverenciado casi como un dios por todos los adeptos del movimiento Hare Krishna. Ellos lo presentan como "el representante de una corriente de maestros espirituales, que comenzó con Krishna, la Suprema Personalidad de Dios y el Maestro Espiritual Original"

"Su Divina Gracia"

Prabhupada, que tiene el título de "Su Divina Gracia" entre los adeptos del movimiento, nació en 1896 en Calcuta, India. A los 26 años de edad conoció a Saravasti, que llegó a ser su "maestro espiritual" y le solicitó que difundiese el conocimiento védico a través de la lengua inglesa.

Con esa historia, Prabhupada, después de publicar la revista "De vuelta al Supremo" y tres volúmenes de comentarios del *Srimad-Bhagavatam* (uno de los libros védicos), llegó a los Estados Unidos en 1965, a la ciudad de Nueva York. Ya en julio de 1966 el gurú consiguió establecer su primera comunidad, pasando de ahí en adelante a publicar decenas de comentarios y estudios de los clásicos filosóficos de la India, dándole forma a su propia religión, que tomó el nombre de la Sociedad Internacional para la Conciencia de Krishna. Esta entidad es responsable de la divulgación de toda la literatura del movimiento Hare Krishna en las lenguas principales: inglés, francés, español, portugués y otras. En el Brasil se encuentran a la venta más de veinte obras. Dos de ellas se hallan desdobladas en veintiún y diecisiete volúmenes, respectivamente — suman entonces un total de cincuenta y seis volúmenes.

Doctrinas

El dios Krishna — Krishna significa literalmente "el completamente atractivo". Toda la literatura védica lo presenta como un personaje extremadamente bello y deseado ardientemente por los millares de "pastorcillas" que con él viven. Se dice que Krishna fue el creador de las *castas* (los *brahmanes*, la casta sacerdotal e intelectual; los *chatrias*, los gobernantes y guerreros; los *vaisias*, los agricultores y artesanos; y la clase inferior, los *sudras*), actualmente abolidas oficialmente por la Constitución India.

Panteísmo — El Señor Krishna tiene cuatro dioses asistentes: Vasudeva y Sankarsana están en el medio, a la izquierda y a la derecha. Pradyumma está a la derecha de Sankarsana y Anirudha está a la izquierda de Vasudeva. Así están situadas las cuatro deidades.[1]

El mantra Hare Krishna — *Hare* significa energía, y *Krishna* es el Señor Supremo. Dicen que, cuando entonan el *mantra*, reciben la energía del Señor Supremo. El mantra, que lo cantan por la mañana, por la noche, andando por las calles, en ceremonias, etc., es el siguiente: Hare Krishna, Hare Krishna, Krishna, Krishna, Hare, Hare / Hare Rama, Hare Rama, Rama, Rama, Hare, Hare.

Dicen que esa es la única oración que se puede ofrecer al Señor a cambio de la aceptación de él.[2] Y como cosa completamente distinta de la enseñada por Jesús, afirman que no es preciso pedir el pan de cada día y que no tiene sentido orar para pedirlo, pues siempre lo conseguimos.

La ley del karma — Enseñan que todos los seres vivos están sujetos a la ley del *karma* y están obligados a sufrir y gozar de los frutos de su propio trabajo. El verdadero devoto está libre de tal reacción por causa de la misericordia sin causa de la Autoridad Suprema, La Personalidad de Dios.

Así que, después de la muerte le es otorgado un cuerpo trascendental, propio para la asociación con el Señor. Este cuerpo está libre de las limitaciones materiales y está investido de tres cualidades trascendentales primarias: eternidad, libertad de lo material y libertad de las reacciones de las actividades fruitivas.[3] En el capítulo *Espiritismo* ya tuvimos oportunidad de comentar tal pensamiento.

Jesucristo — Jesucristo, Buda y Mahoma fueron solamente reformadores religiosos, o *acaryas*, que enseñaron de acuerdo con todas las instrucciones védicas, cuyo objetivo es llegar a la meta última de la vida: volver al Supremo.[4]

Jesús nunca enseñó tal cosa. El hombre no vino del Supremo, para que fuese enseñado a volver a El:

> "La revelación del justo juicio de Dios, el cual pagará a cada uno conforme a sus obras" (Romanos 2:5, 6).
> "Porque el Hijo del Hombre vendrá en la gloria de su Padre con sus ángeles, y entonces pagará a cada uno conforme a sus obras" (Mateo 16:27).

"Volver al Supremo", como enseñan, significa que el hombre antes era un espíritu perfecto asociado al Señor, y ha venido a pasar por la purgación de los renacimientos y las muertes, para volver entonces a la pura asociación anterior. ¿En qué parte de la Biblia fue dada tal enseñanza, y en qué pasaje del Nuevo Testamento encontramos a Jesús enseñando de esa manera? Citan Juan 3:1-15, que, dicho sea de paso, es un pasaje bíblico de mucho agrado para los espiritistas, porque proporciona condiciones para sacar una interpretación falsa y distorsionada de la sublime enseñanza de Jesús respecto al nuevo nacimiento. El versículo 12 del texto arriba citado debería servir, naturalmente, de lección para estas personas:

> "Si os he dicho cosas terrenales, y no creéis, ¿Cómo creeréis si os dijere las celestiales?" (Juan 3:12).

Samsara — La única diferencia que hay entre la creencia budista en el Samsara y la de los adeptos del Krishna, es que el Samsara del budista es infinito y hasta los dioses están sujetos a esa ley, y el del krishnaísta es finito:

> "Desde el planeta más elevado que existe en el mundo material hasta el planeta más bajo, todos son lugares de miseria, en que los nacimientos y las muertes se suceden. Pero el que llega a mi morada, nunca vuelve a nacer." (Krishna)[5]
> Ahora veamos la contradicción con la Biblia:
> "Y de la manera que está establecido para los hombres que mueran una sola vez, y después de esto el juicio" (Hebreos 9:27).

El cuerpo — "El cuerpo ha de ser considerado como una

condición de enfermedad. Un hombre enfermo no puede atenderse a sí mismo adecuadamente."[6] "A menos que nos curemos de esta concepción de que es una enfermedad la vida corpórea, no podremos saborear la dulzura de la vida espiritual."

Esto contradice a la Biblia

"¿O ignoráis que vuestro cuerpo es templo del Espíritu Santo, el cual está en vosotros, el cual tenéis de Dios, y que no sois vuestros?" (1 Corintios 6:19)

El alma — "Para el alma nunca hay nacimiento ni muerte. Y una vez que exista, ella nunca deja de existir. Ella es no-nacida, eterna, siempre-existente, inmortal y primordial."[7]

"Entonces Jehová Dios formó al hombre del polvo de la tierra, y sopló en su nariz aliento de vida, y fue el hombre un ser viviente" (Génesis 2:7).

Vida en otros planetas — "El universo está dividido en los sistemas planetarios superior, intermedio e inferior. La Tierra es considerada un miembro del sistema planetario intermedio. Krishna llama la atención al hecho de que, aunque se entre en el planeta más elevado entre todos los planetas, llamado Brahmaloka, aun así va a seguir la repetición de nacimientos y muertes. Los demás planetas del universo están llenos de entidades vivas. . . y aunque entremos en los planetas donde residen los grandes semidioses, seguiremos estando sujetos a la muerte. Krishna repite otra vez que, si llegamos a su planeta, no tendremos que volver a nacer."[8]

Krishna no puede ser el Dios de la Biblia. Sus principios, sus conceptos, su habitación, su revelación, son completamente diferentes.

"Se multiplicarán los dolores de aquellos que sirven diligentes a otro dios. . . Jehová es la porción de mi herencia y de mi copa; Tú sustentas mi suerte" (Salmo 16:4, 5).

El gozo material — "El que ha hecho progresos en la vida devocional y está saboreando el servir a Krishna, llegará automáticamente a estar desapegado del gozo material. El síntoma de una persona absorta en el *bhakti* (servicio devocional) es hallarse completamente satisfecha con Krishna."⁹

Hay cuatro reglas básicas de conducta que todos los nuevos miembros deben observar. Estas reglas son fundamentales para el estilo de vida dentro del Hare Krishna:

1. *No jugar* — Esa regla incluye también los pasatiempos y los deportes. No puede ser practicado juego de clase alguna por los adeptos. Además de esto, los devotos no pueden conversar sobre nada que no sea referente al Movimiento para la Conciencia de Krishna o a la ejecución de sus reglas. Toda otra conversación o lectura es considerada como una mera especulación o lujo no permitido al devoto.

2. *No intoxicarse* — Esta regla incluye los narcóticos, las bebidas alcohólicas, el tabaco, el café, el té o cualquier tipo de drogas. Los remedios pueden ser usados sólo cuando sean absolutamente necesarios, siempre que no tengan en su composición substancias narcóticas. El mantra *Hare Krishna* es considerado mejor que cualquier remedio para cualquier dolencia del cuerpo. Creen que las enfermedades son un aviso de Krishna para que recuerden que "ese no es su cuerpo".

3. *No practicar sexo ilícito* — Las relaciones sexuales sólo son permitidas entre casados. El matrimonio es una unión entre los devotos de Krishna para servirle mejor. Si el devoto halla que servirá mejor a Krishna casándose, entonces se debe casar. El propósito principal del matrimonio tiene en mira proporcionar descendencia en la Conciencia de Krishna.

4. *No comer carne, pescado ni huevos* — La comida de los devotos es preparada bajo severa dieta. Es un acto de servicio, dicen. Hay normas y ofrendas ceremonialmente prescritos por Krishna. Cuando están viajando, o se hallan en determinadas circunstancias, los adeptos pueden comer tan sólo frutas y leche, que no necesitan preparación "especial".

El servicio en el templo — Después de que el devoto haya participado del servicio obligatorio en el templo, usualmente por seis meses, es elegido para ser iniciado. Entonces se realiza la ceremonia llamada *Harer-nama*, o "nombre sagrado de iniciación". De ahí en adelante el adepto se convierte en un verdadero esclavo de Krishna.

Un gran peligro

Ese movimiento constituye un gran peligro, principalmente para nuestra juventud, pues es en ella donde más busca sus víctimas. La Editorial Bhaktivedanta Book Trust, es el departamento editorial de la Sociedad, y publica anualmente más de 15 millones de volúmenes de literatura védica (al modo de ellos), en más de 30 idiomas.

Este veneno ha sido esparcido en nuestros países y, aunque ya hayan surgido algunos escándalos, nuestra región es una de las que acusan más el desarrollo de este movimiento en el mundo.

Los hare krishnas son un desafío para nosotros, los verdaderos cristianos, en el sentido de procurar darles más de nosotros mismos a los jóvenes de nuestra sociedad y de nuestro propio hogar. Nos desafían en cuanto a nuestra oportunidad de testificar de Cristo dondequiera que estemos.

---

[1] Srimad-Bhagavatan.
[2] Más allá del nacimiento y de la muerte.
[3] Srimad-Bhagavatan.
[4] Más allá del nacimiento y de la muerte.
[5] Bhagavad-gita.
[6] Más allá del nacimiento y de la muerte.
[7] Bhagavad-gita.
[8] Más allá del nacimiento y de la muerte.
[9] Ibídem.

20
Los "Niños de Dios"

La influencia del movimiento *hippie* nacido en los Estados Unidos trascendió a la juventud mundial, y la protesta de los jóvenes contra la sociedad organizada se mezcló con la liviandad. Durante esta época, millares de adolescentes abandonaron sus hogares, acabando por vivir como nómadas y peregrinos. En este ambiente surgió una nueva secta: los "Niños de Dios".

Esta nueva secta fue un intento de adaptar un sistema religioso al modo de vida de los *hippies* y de los viciados, cuando lo ideal habría sido lo contrario. De ahí que, el abandono de la familia, el libertinaje, el sexo y también los vicios, formaron parte del "modo de vivir" de los adeptos de la nueva religión.

Es cierto que, con el pasar del tiempo y al finalizar la pesadilla *hippie* por la cual pasó el mundo, la secta cambió algunas de sus doctrinas. Sin embargo, sigue siendo un gran peligro para nuestra juventud. Como veremos más adelante, los principales valores morales del cristianismo son despreciados o se vuelven motivo de mofa de parte de los "maestros" de esta terrible secta.

Recuento histórico

"Niños de Dios" es el nombre de una secta fundada en 1970 por David Brandt Berg, un "evangelista itinerante" de la Alianza Cristiana y Misionera en los Estados Unidos.

Berg alegó haber recibido de Dios una revelación acerca de una misión "diferente" y comenzó su trabajo en California en 1968, entre *hippies* y drogadictos. Como predicaba un evangelio apocalíptico y atacaba a la sociedad americana, así como a las iglesias organizadas, Berg no halló dificultad alguna para atraer a sus primeros seguidores.

Durante algunos meses, Berg, su familia y cerca de cincuenta discípulos, viajaron por los Estados Unidos y el Canadá, predicando sus doctrinas liberales y confusas, con sabor especial para *hippies* y viciados. Durante ese período, empezaron a llamarse a sí mismos "Niños de Dios", y a su líder lo empezaron a llamar *Moisés David*, o simplemente "Mo". El nombre Moisés es un homenaje al Moisés de la Biblia por parte del nuevo "profeta".

Berg formuló entonces su programa de estructuración de la nueva secta y viajó a Europa e Israel para explorar las posibilidades de establecer colonias o comunidades en el extranjero.

En 1970, cerca de 120 adeptos de la nueva secta habían obtenido permiso para propagar oficialmente su doctrina en Texas y en California a través de la televisión. Lo hicieron en asociación con otro grupo mucho más fuerte en aquella época, la *Gente de Jesús*, que les concedió todas las facilidades para divulgar la nueva herejía.

De un número de aproximadamente 500 miembros en aquel tiempo, el grupo se expandió y creció hasta llegar a cerca de 4 mil miembros, que dedicaban su tiempo integral a la organización. Todo esto aconteció en poco más de un año, y se organizaron cerca de 400 colonias por todo el mundo.

La estructura internacional

La estructura internacional de los Niños de Dios se presenta como una teocracia. Dios revela a través del *Rey David*, esto es, Mo, las directrices a ser seguidas por el movimiento.

Berg es sostenido por su "Familia Real" de descendientes y por las esposas de estos, quienes controlan las normas de esa Nueva Nación. Los miembros de la Familia Real también ocupan buenas posiciones en el Concilio de Ministros, con responsabilidad sobre las actividades particulares de la secta, supervisados por un Primer Ministro.

Subordinados al Concilio de Ministros están los Obispos. El mundo está dividido en doce grandes regiones. Hay un obispo responsable para cada una de ellas. Subordinados a los obispos están los pastores distritales y los pastores nombrados para las colonias.

Las colonias se reúnen normalmente en una casa donde tratan de tener todas las cosas en común. Cuando una persona comienza a formar parte de una de esas colonias, se la llama "bebé". Solamente después de tres meses de entrenamiento, en que aprende a someterse a la nueva forma de vida, se enrola en un grupo de visitación, que sale para ir de puerta en puerta, o por las calles y plazas, anunciando los mensajes de Mo.

Cuando una persona se liga a los Niños de Dios, tiene que firmar una declaración en la que dona todos sus bienes a la organización. La total independencia es uno de los principales requisitos para poder integrarse en el grupo.

Doctrinas

Cristianos nómadas revolucionarios — Les gusta ser llamados así. Afirman que son cristianos y que andan como apóstoles de Cristo, que no tenía donde reclinar la cabeza.

Thankcog — Viene del inglés *thank* (gracias) y de COG (Children of God — Niños de Dios) y es un término aplicado a los parientes y amigos de los adeptos que contribuyen regularmente para la manutención de las colonias.

Freecog — Viene del inglés *free* (libre) y de COG (Children of God — Niños de Dios) y es un grupo de padres que están dispuestos a ceder libremente a sus hijos para la organización. Por lo regular, los adeptos son sustentados por un fondo financiero formado del arrendamiento de la donación de los THANKCOG o la de los FREECOG, o también de las ventas de impresos asignados por Mo.

Todas las cosas son puras para los puros — Con este pensamiento — básico para los Niños de Dios — nada está prohibido ni nada es indecente ni impuro. Es una religión en que todo vale. No exige cambio de vida, ni conversión, ni santificación, sino adaptación a su manera libertina de vivir.

La literatura — Cualquier persona que ya haya hojeado un folleto escrito por Mo — que representa la filosofía del movimiento — puede notar su irreverencia para con Dios y para con los principios cristianos. Sus escritos son impúdicos, inmorales e indecentes.

Ya han tenido varias veces complicaciones con las autoridades, no solamente por causa de la literatura que distribuyen, sino también por su modo de vivir.

El sexo es libre — Siempre que hay amor, el sexo es libre. "Nosotros tenemos un Dios sexy, una religión sexy y un líder muy sexy, con un grupo de jóvenes seguidores extremadamente sexy. Si a usted no le gusta el sexo, váyase tan pronto como pueda." (Mo)

Habiendo amor, hasta puede aceptarse la poligamia, dependiendo del país en que estén los adeptos de Mo. El recomienda que se trate de obedecer a las autoridades "para no crear problemas".

El matrimonio — "El matrimonio es simplemente definido como dormir con alguien, o tener relaciones con alguien. Si usted duerme con alguien, entonces usted se ha casado con esa persona. No existe una ceremonia formal entre los Niños de Dios cuando dos personas se quieren casar. Nosotros simplemente hacemos una fiesta y ellos duermen juntos. De ahí en adelante se los considera casados." (Mo)

Oración — Tienen la costumbre de orar por todo lo que van a hacer, desde el simple ir en bicicleta hasta cosas de gran responsabilidad. "Nosotros siempre oramos juntos por la mañana. Esta es una de las primeras cosas que hacemos después de levantarnos. Nos reunimos en una sala, nos tomamos de las manos y oramos con las manos dadas. Hay veces que formamos un círculo, ponemos los brazos sobre los que están a nuestro lado y oramos abrazados. Otras veces tenemos momentos de comunión cuando partimos el pan y bebemos el vino juntos."

¿De qué vale que oren si su vida casi nunca está en verdadera comunión con Dios?

Jesucristo — Enaltecen la vida de Jesús tan sólo hasta el punto en que puedan hacer comparaciones que les agraden. Dicen que era como ellos: nómada, no tenía propiedades, predicaba el amor, era revolucionario, se levantaba contra la sociedad y las religiones organizadas, y quería que en el mundo se formara un reino que estuviera de acuerdo con sus convicciones.

Dicen que el reino de David se está cumpliendo ahora con la predicación que hacen. A los que no están unidos a ellos, o que no simpatizan con ellos, los llaman "siervos del diablo", "robots", "decadentes", "eclesiásticos", "sin Dios", "muertos", etc.

Predicación En resumen, la predicación de los Niños de Dios es la siguiente:

Dicen haber sido llamados y enviados como nómadas por el mundo, para practicar el cristianismo total. Lo abandonan todo, dejan la Babilonia, el Sistema, y sufren persecución por causa de su fe.

Berg y sus seguidores dicen que no buscan a nadie para que entre en el aprisco. Ellos emplean la imagen del "vino nuevo". La vieja generación (y aquí incluyen a todas las personas que no aceptan el vino nuevo de Dios como la nueva revelación a través de Berg) está en "odres viejos" que se quebrarían por su impacto. Ellos buscan solamente "odres nuevos" en los cuales puedan echar su vino nuevo. Estos esperan hallarlos entre los jóvenes y, de modo particular, entre los "desheredados" y los "caídos".

Entre otras creencias, los Niños de Dios tratan de hacer creer que están en condiciones de preparar a las personas para enfrentar juntos la gran confusión y tribulación que han de venir. Para eso están dispuestos a predicar y enseñar sus reglas de conducta, con el fin de preparar al pueblo para el advenimiento del Reino. Ellos creen que este mensaje ha de ser predicado por todo el mundo, a todas las naciones, antes de la Venida de Cristo, aunque lo tengan que hacer clandestinamente.

Un robot de Moisés David — Lo que sucede en realidad con una persona que se hace adepta de esa falsa religión, es que se vuelve un robot en las manos de Moisés David, o "Mo". Centenares de jóvenes que han abandonado el grupo han dado testimonios alarmantes acerca de la vida comunitaria de los Niños de Dios.[1] Afirman, después de salir, que no vivían: eran tan sólo zombis, robots, en las manos profanas de los "pasto-res" de "Mo".

> "Al hombre que cause divisiones, después de una y
> otra amonestación deséchalo, sabiendo que el tal se
> ha pervertido, y peca y está condenado por su
> propio juicio" (Tito 3:10, 11).

21
La Iglesia de la Unificación (los "moonies")

Iglesia de la Unificación es el nombre abreviado de la *Asociación del Espíritu Santo para la Unificación del Cristianismo Mundial*, fundada en Seúl, Corea, en 1954 por Sun Myung Moon, y establecida en América en 1973.

Esa falsa secta es identificada también en todo el mundo bajo diversos nombres: One World Crusade; International Cultural Foundation; Creative Community Project; D. C. Striders Track Club; Colegiate Association for the Research of Principles (CARP), y muchas otras.

Es una secta que se esparce rápidamente por todo el mundo. Según muchos críticos, hay una semejanza bien grande entre las relaciones de Moon con sus seguidores y las de los fanáticos de la Guyana con su líder Jim Jones. Tienen los mismos principios, como veremos más adelante.

Recuento histórico

De repente apareció un hombre, afirmando que era capaz de traer "nuevas esperanzas" y "una nueva era". Sun Myung Moon, coreano, evangelista, millonario, industrial y fundador de la Iglesia de la Unificación. Nacido en Corea del Norte en 1920, de padres presbiterianos, Moon empezó a predicar "cosas extraordinarias" cuando tenía tan sólo 12 años. Afirma que en 1936 estaba orando en un monte cuando se le apareció Jesucristo y le dijo que había sido elegido para una misión grande e importante. Moon relata que fue llamado para asumir la tarea de completar el cristianismo inacabado.

Afirma además que, durante los nueve años que siguieron a esa "aparición", le fue revelada una serie de "principios". Esto dio por resultado que adquirió la capacidad de entender claramente la naturaleza del universo, el significado "real" de la historia y la interpretación "real" de las parábolas y símbolos bíblicos.

Esa revelación fue recibida progresivamente a través de la oración, el estudio de todas las escrituras religiosas la meditación, la comunicación espiritual con algunas personas como Jesús, Moisés y Buda, y la comunicación directa con Dios.

Al final de este tiempo, los *moonies* afirman que el reverendo Moon ha sido escogido para resolver el vasto rompecabezas espiritual y traer una revelación al mundo.

Públicamente, los moonies se obstinan en identificarlo con el "Mesías", el Señor del Segundo Advenimiento. En una entrevista concedida a una de nuestras revistas, Moon dijo que él era la cabeza de la "familia perfecta" que Dios quiere restablecer en la tierra. Esa "familia" falló con Adán y Eva por causa del pecado; falló con Jesús y María Magdalena, por causa de la muerte de Jesús antes de que pudiera casarse, ¡pero ahora es levantada con él y su esposa!...

Sus adeptos lo llaman "papá Moon", y están preocupados por ganar "hijos" para formar la gran familia espiritual que dirigirá la tierra y unificará todas las formas de cultos, complementando el cristianismo, que está "inacabado", con sus enseñanzas.

Algunas doctrinas falsas

La unificación con Dios — Siempre que oran, piden que la Palabra de Dios, la personalidad y el corazón de Dios los unifiquen con la divinidad. Creen que, mediante el perfeccionamiento individual, el hombre puede ser uno con Dios: la propia esencia de la divinidad...

El propósito de la creación — Creen que el propósito principal de la creación es establecer la familia perfecta. Así pues, luchan por el retorno a la gloria de Dios, como existía entre Adán, Eva y sus hijos antes del pecado. Predican el regreso al estado primitivo y paradisíaco del hombre, y creen que Moon es el hombre escogido por Dios para formar esa familia.

La paz universal — Predican la perfección propia del hombre y la paz, la libertad y la felicidad. Esto se aplica al individuo, a la familia, a la sociedad, a la nación y al universo. Todas las cosas deben volver a su estado natural creado por Dios.

Satanás, el enemigo — Dicen que el mundo está en las manos de Satanás. Fue perdido por el hombre, que debe luchar para reconquistarlo.

La oración — Sus oraciones son elegantes moldes enseñados por Moon: verdaderos lavados cerebrales que deben ser practicados por sus fieles. Carecen totalmente de sabor bíblico y cristiano.

El trabajo — En sus oracionese prometen siempre trabajar ardua y continuamente en pro del establecimiento de la verdadera familia. Prometen fidelidad absoluta a Moon y a sus principios, hasta el fin de su vida.

Prometen dar la vida — Aquí hay un gran peligro en la fe de los fanáticos moonies. Al igual que los adeptos de Jim Jones, prometen dar la propia vida en la lucha por sus ideales, y se responsabilizan totalmente, prometiendo cumplir el deber y la misión que les ha sido conferida.

Una secta falsa

Si el lector ha fijado bien en su mente las características principales de una secta falsa, ya podrá percibir con mucha facilidad que la Iglesia de la Unificación encuadra perfectamente en ellas:

1. Jesús no es el centro de la atención — Niegan su divinidad y no lo colocan en primer lugar en su culto. Afirman, en contrapartida, que Moon es el Mesías moderno, una segunda revelación de Cristo.

2. Tienen otras fuentes doctrinales además de la Biblia — Creen en la Biblia de acuerdo con las interpretaciones de Moon, que afirma haber recibido de Dios la revelación y la interpretación correcta de muchos pasajes no comprendidos por los hombres.

3. Dicen que son los únicos que están en lo cierto — El que no pertenezca a la familia moonie, no podrá ser restaurado. Todas las religiones están equivocadas y, a no ser que sean unificadas en Moon, serán todas ellas destruidas.

4. Emplean la falsa interpretación — Las interpretaciones fantasiosas de Moon sirven tan sólo para satisfacer sus falsas doctrinas. Moon predica, al igual que todos sus equivalentes, que su interpretación es la única cierta, por el hecho de haberla recibido por "revelación divina". Sin embargo, un examen cuidadoso de sus enseñanzas mostrará la falsedad de esa declaración.

5. Le enseñan al hombre desarrollar su propia salvación — Para Moon la salvación, el infierno, el juicio y las doctrinas básicas del cristianismo no tienen el mismo significado que les atribuyen todos los cristianos. Ser salvo es cambiar la mentalidad para aceptar sus doctrinas; es pertenecer a su grupo.

6. Son proselitistas — No buscan sus neófitos predicándoles a los enfermos, los afligidos y los necesitados. Aprovechan la fe de las personas de menos experiencia, y lanzan la red en cualquier pecera que encuentren.

La historia de Moon es semejante a todas las que se cuentan acerca de los fundadores de las sectas. El lector podrá observar que los principios son los mismos:

— Fueron "iluminados desde niños".
— Tuvieron una visión, iluminación, aparición, etc.
Fueron escogidos para una "nueva misión".
— Reciben "dones" especiales.
— Se apuntalan siempre en Buda, en Jesús o en Mahoma.
— Tienen un mensaje diferente.
— Van a revolucionar el mundo.
— Pretender anular todas las religiones.

Son sueños, ilusiones. Sus adeptos viven ese fantástico sueño y luchan por atraer a las personas a sus comunidades. Viven de ilusión, de máscara y de fantasía, hasta que Cristo, con su voz compasiva y amorosa, sea entronizado en el corazón de ellos. Entonces lo dejarán todo. . .Reconocerán que la verdad es Cristo, y que solamente en la Biblia pueden encontrar la verdadera revelación de Dios.